珍藏本·增订本

纪念版

汉译世界学术名著丛书

拉刻斯 吕西斯

〔古希腊〕柏拉图 著

溥林 译

Platon

LACHES　LYSIS

(ΛΑΧΗΣ　ΛΥΣΙΣ)

本书依据牛津古典文本（Oxford Classical Texts）中

由约翰·伯内特（John Burnet）所编辑和校勘的

《柏拉图全集》（*Platonis Opera*）第Ⅲ卷译出

汉译世界学术名著丛书
（120 年纪念版·珍藏本）
增订本出版说明

2017 年 10 月，为纪念商务印书馆创立 120 周年，本馆推出“汉译世界学术名著丛书”（120 年纪念版·珍藏本），计七百种。近五六年来，仰赖学界同人倾力支持，订正旧译，增补新译，拓展新著，积累日多。为满足读者需要，本馆在七百种的基础上，继续推出“汉译世界学术名著丛书”（120 年纪念版·珍藏本·增订本）三百种。至此，“汉译世界学术名著丛书”累计出版已达千种。

今后，本馆将继续推进丛书的翻译出版工作，在积累单本名著的基础上陆续分辑刊行，汇印出版。为促进中外文明互鉴、推动我国学术发展，使“汉译世界学术名著丛书”这项对我国学术文化有基本建设意义的重大工程发挥更大作用，诚望海内外学术界、翻译界继续给予支持，帮助我们把这套丛书出得更好。

商务印书馆编辑部

2024 年 2 月

汉译世界学术名著丛书
（120年纪念版·珍藏本）
出版说明

2017年2月11日，商务印书馆迎来120岁的生日。120年前，商务印书馆前贤怀揣文化救国的理想，抱持“昌明教育，开启民智”的使命，立足本土，放眼寰宇，以出版为津梁，沟通中西，为中国、为世界提供最富智慧的思想文化成果。无论世事白云苍狗，潮流左右激荡，甚至战火硝烟弥漫，始终践行学术报国之志，无改初心。

迻译世界各国学术名著，即其一端。早在20世纪初年便出版《原富》《天演论》等影响至今的代表性著作，1950年代后更致力于外国哲学和社会科学经典的译介，及至1980年代，辑为“汉译世界学术名著丛书”，汇涓为流，蔚为大观。丛书自1981年开始出版，历时三十余年，迄今已推出七百种，是我国现代出版史上规模最大、最为重要的学术翻译工程。

丛书所选之书，立场观点不囿于一派，学科领域不限于一门，皆为文明开启以来，各时代、各国家、各民族的思想与文化精粹，代表着人类已经到达过的精神境界。丛书系统译介世界学术经典，引领时代思想，为本土原创学术的发展提供丰富的文化滋养，为推动中国现代学术和现代化进程做出了突出的贡献。

为纪念商务印书馆成立120周年，我们整体推出“汉译世界学术名著丛书”120年纪念版的珍藏本，寄望既利于文化积累，又便于研读查考，同时向长期支持丛书出版的译者、编者和读者致以敬意。

两甲子后的今天，商务印书馆又站在了一个新的历史时间节点上。我们不仅要铭记先辈的身影和足迹，更须让我们的步伐充满新的时代精神。这是商务人代代相传的事业，更是与国家和民族的命运始终紧密相连的事业。我们责无旁贷，必须做好我们这代人的传承与创造，让我们的努力和成果不仅凝聚成民族文化的记忆，还能成为后来人可以接续的事业。唯此，才能不负前贤，无愧来者。

商务印书馆编辑部

2017年10月

目　　录

拉刻斯

吕西斯

拉　刻　斯[1]

---

① 忒拉叙洛斯（Θράσυλλος, Thrasyllus）给该对话加的副标题是“或论勇敢”（ἢ περὶ ἀνδρείας）；按照希腊化时期人们对柏拉图对话风格的分类，《拉刻斯》属于“助产性的”（μαιευτικός）。（本书页下注均为译者注，不另注。）

拉　刻　斯

吕西马科斯　墨勒西厄斯　尼基阿斯　拉刻斯
吕西马科斯和墨勒西厄斯的儿子们
苏格拉底

吕西马科斯[1]：你们已经看到了那个在表演全副武装地进行格 178a1
斗的人[2]，尼基阿斯[3]和拉刻斯[4]啊；但为何我们，我和这里的这位

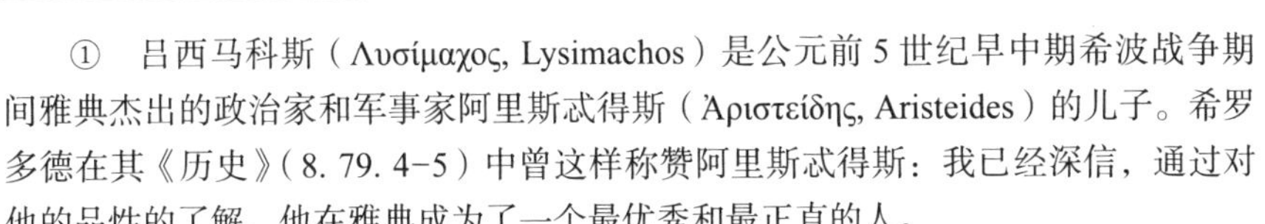

① 吕西马科斯（Λυσίμαχος, Lysimachos）是公元前 5 世纪早中期希波战争期间雅典杰出的政治家和军事家阿里斯忒得斯（Ἀριστείδης, Aristeides）的儿子。希罗多德在其《历史》（8. 79. 4–5）中曾这样称赞阿里斯忒得斯：我已经深信，通过对他的品性的了解，他在雅典成为了一个最优秀和最正直的人。

② 那个在表演全副武装地进行格斗的人，也可以简单译为“那个在表演武装格斗的人”。ἐν ὅπλοις［全副武装］是词组，《牛津希–英词典》（*A Greek-English Lexicon*, H. G. Liddell and R. Scott, With a Revised Supplement. Charendon Press · Oxford, 1996）对之的解释是：in arms, under arms。在当时，这主要是对重装步兵的训练，基本装备是头盔、胸甲和盾牌。参见《高尔吉亚》（456d8–e1）：不应为此就憎恶那些体育教练们和那些教授全副武装地进行格斗的人，并把他们逐出城邦。

③ 尼基阿斯（Νικίας, Nikias）是公元前 5 世纪伯罗奔尼撒战争期间雅典著名的政治家和将军，在公元前 421 年成功地促成了雅典同斯巴达的和谈。

④ 拉刻斯（Λάχης, Laches）是公元前 5 世纪伯罗奔尼撒战争期间雅典的政治家和将军。

墨勒西厄斯[1]，要求你们同我们一道观看，我们当时并未相告，而
现在我们就要来说一说。因为我们认为，无论如何都必须把它对
178a5 你们开诚布公地讲出来。其实有着一些人，他们嘲笑诸如此类的
178b1 事情，并且如果有人咨询他们的意见，他们并不会说出他们所想
的，相反，他们通过揣度咨询者的心思而说出一些同他们自己的
意见相反的其他东西来。但是，我们相信，你们不仅有能力认识，
而且当你们认识后你们也会直截了当地说出你们所认为的；因此，
178b5 我们邀请你们来参与商讨，就我们打算交流的那些事情给出建
179a1 议。对于我做了如此长的开场白的那件事，其实是下面这样。这
两个人是我俩的儿子，这位是墨勒西厄斯的，他有着其祖父的名
字，即图库狄德斯[2]；而这位是我的——他也有着其祖父的，即我
父亲的名字，因为我们叫他阿里斯忒得斯[3]——；因此，我们已
经决心要尽可能地关心他们，并且不要像许多人所做的那样来行
事，那就是，当他们已经长成小伙子时[4]，听任他们做他们想做的
任何事情，而是尤其在现在就一定要开始尽我们所能地去关心他
179a5 们。所以，鉴于知道你们也有儿子，我们相信你们已经对他们有
179b1 所操心——即使其他一些人也在这么做——，即他们如何能够通
过被你们照护而成为最优秀的人。然而，万一你们还没有重视过

① 墨勒西厄斯（Μελησίας, Melesias）生平不详。

② 这里的这位图库狄德斯（Θουκυδίδης, Thukydides）与撰写《伯罗奔尼撒战争史》的历史学家图库狄德斯（一般译为修昔底德）不是同一人，他本人后来成为一位著名的政治家，伯利克里的政敌。

③ 在当时，人们经常用祖父的名字来为孩子起名，以彰显其祖父的名声和对孩子的期盼。例如，苏格拉底有三个儿子，二儿子名叫索佛洛尼斯科斯（Σωφρονίσκος, Sophroniskos），而这也就是其祖父，即苏格拉底父亲的名字。

④ 小伙子 / 年青人（μειράκιον），一般指 14-21 岁的年青人。

这件事，那么我们就要提醒你们下面这点，那就是一定不可以忽 179b5
视它，并且邀请你们同我们一道共同来商讨这件事，即对儿子们
进行某种关心。而我们究竟为何做出如此的决定，尼基阿斯和拉
刻斯啊，你们一定要听听，即使它听起来的确是有点长。你们知
道我和这儿的这位墨勒西阿斯刚好是一同进餐的[1]，而那两个年青 179c1
人也与我们一起吃饭。因此，就像在开始讲话时我就说过的那样，
对你们，我们将直言不讳。我们两人中的每一个都能够把关于自己
父亲的许多出色的事迹说给这两个年轻人[2]听，无论是他们在战争
中成就出来的所有事业，还是在和平时期所成就出来的所有事业，
当他们在管理同盟的事务以及这里的这个城邦的事务时。然而， 179c5
我们两人却根本不能对他们讲讲我们自己的事迹。于是，我们在
这儿的这两个年轻人面前对此感到有些羞愧，并且我们也将之归 179d1
咎于我们的父亲，因为，一方面，他们听任我们骄奢放荡，当我
们已经长成小伙子时，另一方面，他们忙于其他人的事情。而我
们也就把这些事情向这儿的这两个年轻人指出来，说：如果他们
不关心他们自己，并且不听从我们，那他们就将变得声名狼藉；
但是，如果他们关心他们自己，那么，他们就有可能成为配得上 179d5
他们所拥有的那两个名字的人。于是，这两个年轻人宣称他们当
然会听从我们；但我们肯定得考察下面这点，那就是这两个年轻
人通过学习什么或者汲汲从事什么而会成为一个尽可能优秀的人。

---

[1] 这是当时的一种习惯，选择同朋友而不是同妻子一起进餐；在雅典是一种自愿的选择，而在斯巴达则为法律所要求。

[2] 年轻人（νεανίσκους），与前面的年青人（μειράκιον）不同，这个词既可指青少年，也可指相对而言年轻些的人。

179e1 于是乎有人也向我们推荐了这门学问，说学习全副武装地进行格
斗对年轻人来说是一件好事，并且他还称赞了你们刚才观看其表
演的那个人，然后力劝我们也来看看。因此，我们决定，不仅我
179e5 们自己必须前来观看这个人的表演，而且必须邀请你们，一方面
作为一同观赏者，另一方面作为顾问和伙伴——如果你们愿意的
180a1 话——，前来商量对儿子们的关心。这些就是我们想要与你们进
行交流的事情。因此，从现在起，就你们来说，是要对这门学问
给出建议，那就是在你们看来他们必须学习它呢，还是不必学习
它，以及就其他学问给出建议——如果你们确实还能够对年轻人
推荐其他任何学问或事业的话——，并且针对我们之间的合作而
180a5 说说你们将以何种方式来做点什么。

尼基阿斯：我当然，吕西马科斯和墨勒西阿斯啊，赞同你们
的想法，并且我也已经准备参与到你们中来；而我认为这里的这
位拉刻斯也同样如此。

180b1 **拉刻斯**：你的确认为得对，尼基阿斯啊。因为吕西马科斯刚
才关于他自己的父亲以及墨勒西阿斯的父亲所说的，在我看来说
得非常非常的好，不仅针对那两位父亲，而且也针对我俩以及针
180b5 对所有那些致力于城邦的各种事务的人；因为这些情况差不多发
生在所有这些人身上，就像这个人所说的那样，无论是对于他们
自己的孩子们，还是对于他们自己的其他各种私人事情，他们都
既关注得少，也漫不经心地加以对待。所以，就这些事情而言，
你说得很正确，吕西马科斯啊。但是，你邀请我们来作为关于年
180c1 轻人的教育的建议者，而不邀请这里的这位苏格拉底，我对此感
到惊讶：首先，他是你们的同乡；其次，他总是在下面这种地方

消磨时间[①]，只要在那儿有着你现在为年轻人所寻找的那些诸如此类的东西中的某一样，或者是某种美好的学问，或者是某种美好的事业。

吕西马科斯：你为何这么说呢，拉刻斯啊？这里的这位苏格 180c5
拉底真的已经关心过诸如此类的事情中的某种吗？

拉刻斯：完全如此，吕西马科斯啊。

尼基阿斯：我当然也能够和拉刻斯一样对你说出这点。因为
他前不久还把一个人介绍给我本人，作为我儿子的音乐老师；那 180d1
个人是阿伽托克勒斯[②]的一位学生，叫达蒙，他是众人中最为杰出的，不仅在音乐方面，而且在所有其他那些你希望在那里他配得上同这个年纪的年轻人一同消磨时光的方面。

吕西马科斯：真的，苏格拉底、尼基阿斯和拉刻斯啊，我和 180d5
我这个年纪的人都不再同年轻人相熟识了，因为，由于年纪的原因我们多半在家里打发时间。而你，索佛洛尼斯科斯的孩子啊[③]，
如果有什么好的主意建议给你这里的这位同乡[④]，那么你就应当对 180e1
之进行建议。而你那样做才是正当的。你其实因你父亲的原因也就已然是我们的朋友；因为我和你的父亲，我俩始终是伙伴和友

① 消磨时间（τὰς διατριβὰς ποιούμενον）是一个整体。名词 διατριβή 由动词 διατρίβω 派生而来，而 διατρίβω 的词干是 τρίβω，其意思是“磨”“揉”；因此，διατριβή 的原初意思就是“消磨时间”，转义为“娱乐”“消遣”“讨论”“研究”，进而引申为专门从事哲学活动的“学校”。

② 阿伽托克勒斯（Ἀγάθοκλεης, Agathokles），生平不详。

③ 索佛洛尼斯科斯（Σωφρονίσκος, Sophroniskos）是苏格拉底的父亲，据说他是个雕刻匠。

④ 你这里的这位同乡（τῷδε τῷ σαυτοῦ δημότῃ），即吕西马科斯本人。

人，并且直到他去世，他都未曾同我发生过任何的争执。而就在
180e5 这里的这两人讲话时[①]，我刚好想起了某件事；因为，这里的这两
个年青人，当他们在家里互相交谈时，他们时常提起苏格拉底，
并且对之赞美有加。然而，我却从未曾询问过他们，他们是否在
181a1 说索佛洛尼斯科斯的儿子。那么，孩子们啊，你们告诉我，这位
就是你们每次提到的那个苏格拉底吗？

孩子们：当然，父亲，就是这位。

吕西马科斯：你做得太好了，赫拉在上，苏格拉底啊，因为
181a5 你彰显了你的父亲，这位人中最优秀的；而且尤其因为从现在起
你自家的事情又将属于我们了，而我们自家的事情也将属于你。

拉刻斯：确实，吕西马科斯啊，你一定不要让这个人离开；
181b1 因为，我甚至在其他地方也曾看到过，他不仅在彰显其父亲，而
且也在彰显他的祖国。因为，在从德里翁[②]那里的溃退中，他同我
一起后撤；并且我还要告诉你，假如其他人愿意是他这个样子的，
那么，我们的城邦也就会一直是傲然屹立的，并且那时也就不会
陷入到如此这般的灾难中。

181b5 **吕西马科斯**：苏格拉底啊，这当然是一个美好的赞扬，在那
里，你现在被那些值得信任的人所赞扬，而且也恰好是在这些人

---

① 就在这里的这两人讲话时（τῶνδε λεγόντων），“这里的这两人”，即前面说话的拉刻斯和尼基阿斯。

② 德里翁（Δήλιον, Delion）不是城市名，而是太阳神阿波罗的一个神殿的名字。公元前 424 年，45 岁的苏格拉底参加了德里翁战役；在该战役中，雅典人遭受了严重的失败。参见《苏格拉底的申辩》（28e1–4）：当你们选举出来统帅我的那些统帅们给我布置任务时，无论是在波底达亚和安菲珀里斯，还是在德里翁附近，我都曾如其他任何人一样冒死坚守在了那些人所安排的位置上。

赞扬你的那些事情上被赞扬。因此，你得清楚，当我听到这些后，
我很高兴，因为你有着好的名声；并且也请你一定要把我算在那
些对你怀有最好的心意的人中。其实你自己早前就应当经常来我 181c1
们这儿，并且把我们视为自家人，像那样做才是正当的事情。而
现在，那么就从这天起，既然我们已经彼此重新结识了，那你就
不要拒绝，而是既要结交和熟识我们，也要结交和熟识这儿的这
两个年轻人，以便你们[1]也能够继续保持我们的友谊[2]。因此，你自 181c5
己要这样做，而我们也将不断地提醒你。但是，就我们开始提出
的那些事情，你们主张什么呢？ 对你们来说它看来怎样？这门学
问对年青人来说是合适的呢，还是不合适的，即学习全副武装地
进行格斗？

苏格拉底：那么就这些事情，吕西马科斯啊，我也肯定将尽 181d1
力给出建议，如果我能够的话；并且也会做你吩咐的所有事情。
然而，对我来说，似乎下面这样才是最正当的——因为我比这里
的这两个人都更年轻，并且对这些事也是更没有经验的——，那
就是：我首先听听他们怎么说，并且从他们那里进行学习。但如
果除了这两人所说的那些之外我还有其他什么要说，只有到了那 181d5
时，我才来教导和说服你和这些人。那么，尼基阿斯啊，你们两
人，为何其中一个不先来说说呢？

尼基阿斯：当然没有什么会妨碍这点，苏格拉底啊。因为在
我看来，知道这门学问，这在许多方面对年轻人来说也都是有益 181e1

---

① 你们（ὑμεῖς），即“你和这里的这两个年轻人”。

② 我们的友谊（τὴν ἡμετέραν φιλίαν），即“吕西马科斯和苏格拉底的父亲索佛洛尼斯科斯之间的友谊”。

的。其实，不在其他地方消磨时间——每当年轻人有闲暇时，他
们就喜欢在那里打发时间——，而在这门学问那里消磨时间，这
181e5 已经是很好的了；而他们的身体由此也必然是更棒的——因为同
182a1 各种体育锻炼中的任何一样相比，它既不是比较低劣的，也并不
有着较少的艰辛——；此外，这项体育锻炼和马术也都特别适合
于一个自由人。因为，无论是就我们是其参赛者的那种竞赛来说，
还是在该竞赛摆在了我们面前的各种场合那里，都唯有下面这些
人被训练，那就是，他们在这些同战斗相关的装备中被训练。进
182a5 而，这门学问在实战中也能给人带来某种帮助，每当必须以战斗
队形的方式同许多其他人一起战斗时。然而，它的最大用处在于，
182b1 当队形溃散并且已经必须单个人对单个人时——或者通过追逐来
攻击某个负隅顽抗的人，或者在逃跑中，当另外某个人进行攻击
时保卫自己——；那知道这门学问的人，当他一个人面对某一单
个的人时，他肯定不会遭受任何伤害，甚或面对许多人时，也不
182b5 会，而是会在各方面都由此而占尽便宜。此外，诸如此类的东西
还将唤起对其他美好学问的渴望。因为，每个学习了全副武装地
进行格斗的人，也都会渴望那紧接着的关乎各种排兵布阵的学问；
182c1 而当他把握了这些并且在其中感到自豪之后，他就会汲汲追求同
各种统兵相关的每样事情。而下面这点已经是显而易见的，那就
是：所有与这些相联系的学问和事业——它们不仅是美好的，而
182c5 且对人来说也是非常值得学习和追求的——，这门学问都会是它
们的起点。但对此我们还将加上一个不小的补充，即就在战斗中
的每个人来说，正是这门知识会使得他在不小的程度上比他自己
惯常所表现出来的更加自信和更为勇敢。让我们不要羞于说出下

面这点——即使它在有的人看来是比较微不足道的——，那就是：在一个人应当显得更为优雅的地方，也正是这门知识会使得他在那里是更为优雅的，而在那里，他也由于这种优雅而同时对敌人 182d1
们显得是愈发可怕的。因此，一方面，在我看来，吕西马科斯啊，就像我说的那样，必须教导年轻人这些东西，并且我也已经说了为何我这么认为；另一方面，如果除了这些之外拉刻斯还有别的什么要说，那我也会乐于听听。 182d5

拉刻斯：其实，尼基阿斯啊，就任何一门学问来说，都难以宣称一个人不必学习它；因为，无所不知看起来是件好事。当然，就这门使用重装武器的技艺来说，一方面，如果它真是一门学问，就 182e1
像那些传授者所宣称的那样，以及如尼基阿斯所说的那样，那么就必须学习它；另一方面，如果它其实并不是一门学问，而那些许诺传授它的人只是在进行欺骗，或者它虽然碰巧是一门学问，然而根本不是一种要认真对待的，那么，一个人为何还会应当学习它呢？而我就它说这些，乃是鉴于下面这点，那就是：我认为这门学问， 182e5
如果它真还有那么点价值，那么它就不会逃脱拉栖岱蒙人[①]的注意，他们在一生中根本就不关心别的什么，除了寻找和致力于下面这种事情，即他们会通过学习和致力于它而在战斗中胜过其他人。即使 183a1
它真的已经逃脱了那些人的注意，但至少下面这点无论如何都不会不被它的那些传授者注意到，那就是：在希腊人中，那些拉栖岱蒙人最为热衷于诸如此类的事情，并且在那些人那里，任何人，一旦 183a5

① 拉栖岱蒙人（Λακεδαιμόνιος, Lakedaimonios），即斯巴达人（Σπαρτιάτης, Spartiates）。

他在这些事情上受到了尊敬，那他也就会从其他人那里挣得最多
的钱，恰如在我们这里受到尊敬的一位悲剧诗人那样。所以，那
183b1 认为自己能够很好地创作悲剧的人，他无论如何都不会通过从外面
绕着阿提卡在其他城邦展示自己而四处转悠，而是直接来到这里并
向这里的这些人进行展示，这才是合情合理的。而这些全副武装地
进行格斗的人，我看到，一方面，他们把拉栖岱蒙视为一个不可践
183b5 踏的圣地，甚至用脚尖都不敢踏足进去；另一方面，他们绕着它转
悠，并且宁愿向其他所有人展示自己，尤其是向下面这些人，那就
是甚至连他们自己都会承认就战争方面的事情许多人是远远胜过他
183c1 们的。此外，吕西马科斯啊，就这些人来说，我在这种事情中已经
遇到过的，远不在少数，并且看到他们是怎么个样子。而我们甚至
能够立即从这里出发进行考察。仿佛是有意为之似的，在那些投身
于使用重装武器的技艺的人中，尚未有任何人已经在战斗中变得声
183c5 名显赫过。然而，在其他所有领域，那些声名卓著的人却恰好都来
自这些人，即来自那些汲汲追求每样特殊技艺的人；而这些投身于
使用重装武器的技艺的人，如看起来的那样，同其他人相比在这方
183d1 面已经是如此非常的不幸。比如说这位斯忒西勒俄斯——你们和我
一起观看了他在如此的大庭广众之下展示他自己，并且也听到了他
就他自己夸海口所说的那些话——，我曾在别处更美地看到过他非
常真实地、真真切切地展示他自己，尽管那非他所愿。因为，当一
183d5 艘他在其上作为士兵的船进攻一艘商船时，他拿着一支镰刀矛[①]进

① 镰刀矛（δορυδρέπανον），类似于中国古代兵器中的戟。δορυδρέπανον 由矛（δόρυ）和镰刀（δρέπανον）合成。

行战斗，这的确是一件与众不同的武器，就像他本人不同于其他人一样。关于这个人的其他那些事情不值得一说，值得说的是那个巧
计，即把镰刀加在长矛上，结局如何。因为，当他战斗时，那个武 183e1
器不知怎的被缠在了那艘商船的索具上，并且被缠得很死。于是，斯忒西勒俄斯用力拽，因为他想解开它，然而他没能做到；而那两
艘船却在相错而过。而在那时，他紧握着矛杆在船上沿着船舷跑； 183e5
但当那艘商船终究驶过他自己的船并拖着他跟在后面——因为他握着矛杆——，他只好一点一点地让矛杆从手上滑去，直至他仅仅握
住杆子的末端。针对他的这副模样，一阵笑声和鼓掌声从商船上的 184a1
那些人那儿生起，而当有人用一块石头向着他脚边的甲板扔去时，
他松开了矛杆，那时甚至连在三列桨战船上的那些人也立即不再能 184a5
够忍住不笑，因为他们看到那支镰刀矛悬挂在那艘商船上。因此，或许这还真有那么点价值，就像尼基阿斯所说的那样；但无论如
何我自己已经遇见的，就是如此这般的样子。所以，也正如我开始 184b1
时所说那样：或者，它有着如此小的益处，即使它是一门学问；或者，尽管它不是，但一些人主张和伪称它是一门学问，无论是哪种情形它都不值得尝试去学习。因此，事实上在我看来，一方面，如
果一个人，由于他是怯懦的，于是就以为自己要知道它，那么，一 184b5
旦他因它而变得比较鲁莽后，就愈发清楚地表明他向来是个什么样的人；另一方面，如果他是一个勇敢的人，那么他就会被人们所提
防，即使他犯下一个小小的错误，那他也将招致各种巨大的诽谤。184c1
因为，对这样一种知识的自吹自擂是容易遭猜忌的，以至于，任何一个人，如果他并没有因德性胜过其他人而到了某种令人惊讶的程度，那么，这将是不可能的，即他会以某种方式避免成为笑料，当

184c5 他声称他具有这种知识时。的确在我看来，吕西马科斯啊，对这门学问的热衷就是诸如此类的情形。但正如我开始时所说的，一定不要让这里的这位苏格拉底离开[①]，而是必须要求他给出建议，即关于摆在面前的事情他本人是如何看待的。

184d1 **吕西马科斯**：我当然会进行要求，苏格拉底啊。真的，在我看来，我们的建议似乎还需要一个人作为仲裁者来给出裁决。因为，如果这里的这两人已经达成了一致，那就不那么需要这样一种人；而现在，正如你所看到的，事实上拉刻斯投出了同尼基阿斯相反的票，因此这样做才是好的，那就是也听听你会投票支持这两人中的哪位。

184d5 **苏格拉底**：怎么回事，吕西马科斯啊？我们中多数人赞同两者中的哪一个，你就打算把这些人当作同道吗？

吕西马科斯：一个人难道还能做别的什么吗，苏格拉底？

184e1 **苏格拉底**：而你，墨勒西阿斯啊，也会这样做吗？并且如果你有一个关乎你儿子的体育训练的咨询，即他应当操练什么，那你是会听从我们中多数人的意见呢，还是听从那位恰好已经在一个优秀的体育教练的指导下得到教导和操练的人的意见？

墨勒西阿斯：肯定听从后者才是合理的，苏格拉底啊。

184e5 **苏格拉底**：那么，你会宁愿听从他，而不是听从我们，即使我们是四个人。

墨勒西阿斯：也许吧。

苏格拉底：因为应当根据知识，我认为，而不是凭人多势众，

① 见前面 181a7。

来做出决定，假如要正确地做出决定的话。

墨勒西阿斯：为何不呢？

苏格拉底：那么现在必须首先考察的，恰恰是下面这件事，那就是在我们当中，有着关乎我们所咨询的事情的某位有技艺的人呢，还是没有。并且如果有这么个人，那我们就必须听从他，即使他是一个人，而不必理会其他人；但如果没有，那我们就必须寻找另外某个人。或者，你们竟认为——无论是你，还是吕西马科斯——，现在拿来冒险的只是一件微不足道的事情，而非那件恰恰是你们的各种所有物中最重要的东西？因为，无论如何，当儿子们变得有用或者变得与之相反后，父亲的整个家庭都将以孩子们已经变成的那些方式而被管理。

墨勒西阿斯：你说得对。

苏格拉底：因此，对之必须具有深谋远虑。

墨勒西阿斯：当然。

苏格拉底：那么，依照我刚才所说的，我们会如何进行考察呢，如果我们想检查我们中谁才是对体育锻炼最有技艺的人？难道不是已经学习并从事过它，并且恰恰在这方面的一些优秀者已经成为了其老师的那个人吗？

墨勒西阿斯：我肯定这么认为。

苏格拉底：那么，岂不还得事先考察，这种东西究竟是什么，以便我们为之寻找老师？

墨勒西阿斯：你为何这么说呢？

苏格拉底：或许以下面这种方式来说将是更为清楚的。在我看来，我们开始并未就下面这点达成一致，那就是：我们对之进

行商量和考察的那种东西究竟是什么，我们中究竟谁是对之有技
185c1 艺的，并且为此已经得到过老师，以及谁没有。

尼基阿斯：难道，苏格拉底啊，我们不是在考察全副武装地进行格斗这门技艺，看看年轻人是应当学习它呢，还是不？

185c5 **苏格拉底**：完全如此，尼基阿斯啊。但是，每当一个人为了眼睛而考察某种药物时，即考察应当把它涂抹在眼睛上呢，还是不应当把它涂抹在眼睛上，那时你认为，建议是关乎药物呢，还是关乎眼睛？

尼基阿斯：关乎眼睛。

185d1 **苏格拉底**：那么，当一个人考察一匹马是必须被加上一具辔头呢，还是不加上，以及究竟在何时被那么做，那时他无论如何都岂不是关于马提出建议，而不是关于辔头？

尼基阿斯：正确。

185d5 **苏格拉底**：那么一言以蔽之，当一个人为了某种东西而考察某种东西时，建议恰恰是关于他为之而进行考察的那种东西，而不是关于他为了其他东西而寻找的那种东西。

尼基阿斯：必然。

苏格拉底：于是，也就应当考察建议者，就对我们为之才进
185d10 行考察——当我们进行考察时——的那种东西的照护来说，他到底是不是一个有技艺的人。

尼基阿斯：当然。

185e1 **苏格拉底**：那么，我们现在岂不宣称，我们正为了年轻人的灵魂而考察一门学问？

尼基阿斯：是的。

苏格拉底：于是，我们中是否有人关于灵魂的照护是一个有
技艺的人，并且也能够正确地照护它[①]，以及一些优秀者已经对我 185e5
们中的谁成为过老师[②]，这才是必须被考察的。

拉刻斯：那又怎么样，苏格拉底啊？难道你从未曾看见过，那些没有老师的人在一些事情上已经变得比那些有老师的人是更有技艺的？

苏格拉底：我当然看见过，拉刻斯啊。但你肯定不会愿意相
信他们，如果他们宣称他们是优秀的匠人的话，除非他们能够向 185e10
你展示通过他们的技艺而已经很好地被做出来了的作品，一件， 186a1
甚至是多件。

拉刻斯：这点，你确实说得对。

苏格拉底：并且我们，拉刻斯和尼基阿斯啊——既然吕西马
科斯和墨勒西阿斯邀请我们来是就他们的那两个儿子给出建议， 186a5
因为他们一心要那两个孩子的灵魂变得尽可能的优秀——，如果
我们宣称我们能够进行展示，也就应当向他们展示我们中究竟哪
些人已经成为了老师，首先，因为他们自己是优秀的，并且已经
照护过许多年轻人的灵魂，其次，他们显然也教导过我们。或者， 186b1
一方面，如果我们中任何人都否认他自己曾有过一位老师，那么，
他本人无论如何都应当能够说出他自己的作品，并且能够展示哪
些雅典人或者异邦人——无论是奴隶，还是自由人——，公开承
认由于他而已经变得优秀了；另一方面，如果以上这些中没有任 186b5

---

① 它（τοῦτο）虽然是中性，但按照希腊语文法，仍指代前面的灵魂（ψυχή）。

② 以及一些优秀者已经对谁成为过老师，这句话也可以简单转译为“以及我们中的谁曾有过一些优秀的老师”。

何一样发生在我们这里，那么我们就必须敦促这两人去寻找其他人，而不能拿作为朋友的这两人的儿子去冒险，因毁掉他们而从我们最亲近的朋友那里招致最严厉的责备。当然，我，吕西马科斯和墨勒西阿斯啊，关于我自己，我首先得说，在这方面我未曾有过任何老师；尽管我从年轻时开始就的确在渴望这件事。然而，一方面，我不可能付酬金给那些智者们，虽然唯有他们宣称他们能够使我成为一个高贵且优秀的人；另一方面，甚至到现在我自己也依然没有能力发现这门技艺。但如果尼基阿斯或拉刻斯已经发现或学习过它，那我也不会感到吃惊；因为在钱财方面他们比我有能力得多，由此他们能够从其他人那里进行学习，而与此同时他们也比我年长得多，因此他们有可能自己已经发现了这门技艺[①]。的确在我看来，他们是能够教育一个人的；因为他们从不会如此毫无畏惧地就那些对一个年轻人来说有益或有害的事务发表意见，除非他们本人确信他们自己已经充分地知道了它们。当然，在其他方面我也肯定相信这两人；只不过他们彼此意见竟然不一致，我对这点倒是感到吃惊。因此，轮到我来恳求你下面这件事了，吕西马科斯啊。正如刚才拉刻斯要求你不要让我离开[②]，而是要询问我，我现在也要建议你既不要放拉刻斯走，也不要放尼基阿斯走，而是要通过说下面这些来询问他们，那就是：一方面，

① 这里的内容，可对观《苏格拉底的申辩》(31b5-c3)：并且如果我从这些中曾得到了什么好处以及为了获取酬金才劝告了这些，那么我还有某种理由。但现在请你们自己看看，当这些控告者如此无耻地控告我所有其他那些事情时，他们却不能够同样厚颜无耻地就下面这点举出证人来，说我曾从任何人那儿为自己强求或者索取过酬金。但我却认为我能够提供出我在说真话的见证来，那就是我的贫穷。

② 见前面 181a7 以下。

苏格拉底既否认他懂得这件事，也否认他有能力辨别你们两人中
究竟谁说得正确——因为关于诸如此类的事情，他既没有成为过
发现者，也没有成为过任何人的学生——。另一方面，你，拉刻
斯啊，以及你，尼基阿斯啊[①]，你们两人中的每个都必须告诉我们，
在对年轻人的教育方面，你俩究竟已经同哪位最擅长的人相处过；186e5
并且你俩是通过从某人那里进行学习而知道它的呢，还是你俩自
己发现它的；而如果你俩曾学习过它，那么谁是你俩各自的老师，
并且其他哪些人是与他们[②]有同样技艺的，以便，假如你们因城 187a1
邦的各种事务而没有任何闲暇的话，我们能够前往那些人那里，
并且劝说——或者通过一些礼物，或者通过各种感谢，或者通过
双管齐下——他们也要关心我们的以及你们的孩子们，免得他们 187a5
由于变得平庸而辱没了他们的祖先。但是，如果你俩自己就已经
成为了诸如此类的事情的发现者，那就请你们提供关于下面这点
的一个例子，那就是，其他哪些人，由于你们关心他们而已经使
得他们从平庸变成了高贵和优秀的。但如果你们现在才第一次将 187b1
开始从事教育，那么，你们就必须留意，拿来冒险的不是卡里亚
人[③]，而是你们的儿子们以及朋友们的孩子们，并且完完全全正如
谚语所说的那样，对你们来说结果就可能是，还没有学会走，就

① 另一方面，你，拉刻斯啊，以及你，尼基阿斯啊。当然，也可以简单转译为：另一方面，你们，拉刻斯和尼基阿斯啊。

② 与他们（αὐτοῖς），即“与你俩各自的老师”。

③ 拿来冒险的不是卡里亚人（μὴ οὐκ ἐν τῷ Καρὶ ὑμῖν ὁ κίνδυνος κινδυνεύηται）是一个整体，单就这句话，也可以译为“不是在拿卡里亚人去冒险”。卡里亚人（Κάρ）常当雇佣兵，因而被人瞧不起，从而被视为“无价值的人”“性命不值钱的人”。

尝试跑[1]。因此，请你们说说，以上这些情形中的何者，你们宣称
187b5 它是属于和适合于你们的，或者否认。吕西马科斯啊，你要向他们询问这点，并且不要让这两人走。

187c1 **吕西马科斯**：至少在我看来，诸位，苏格拉底说得很好。至于你们是否愿意就诸如此类的事情被询问并且进行回答，你们当然必须为你们自己做出决定，尼基阿斯和拉刻斯啊。但下面这点对我和这里的这位墨勒西阿斯来说，无疑是显而易见的，那就
187c5 是：如果你们愿意通过讨论来详述苏格拉底所询问的所有那些事情，那么，我们会感到高兴。其实从一开始[2]，我就从下面这点开始了我的讲话，即正是由于下面这些我们才邀请你们来进行商量，那就是：我们认为你们已经在关心——像那样做也才是合情合理的——诸如此类的事情，尤其是既然你们的孩子们，就像我们的
187d1 孩子们一样，差不多都到了被教育的年纪。因此，如果你们不反对的话，就请你们来说一说，并且同苏格拉底一起来共同进行考察，通过互相给出以及接受彼此的理据[3]。因为，他其实很好地说出了下面这点，那就是：我们现在正在商量我们各种事情中那最
187d5 重大的。那就请你们看看，是否看起来必须这样做。

尼基阿斯：吕西马科斯啊，在我看来你确确实实只是从其父

① 还没有学会走，就尝试跑。（ἐν πίθῳ ἡ κεραμεία γιγνομένη.）这是当时的一句谚语，字面意思是“陶艺出现在大酒瓮那里”，即大酒瓮是很大的陶器，而一个人应当首先在一些小的陶器那里学习陶艺；《牛津希-英词典》举了柏拉图在这里的这个表达，对之的解释是：trying to run before you can walk。

② 见前面 179c 以下。

③ 通过互相给出以及接受彼此的理据（διδόντες τε καὶ δεχόμενοι λόγον παρ' ἀλλήλων），也可以简单转译为“通过互相交换意见”或“通过互相交换看法”。

亲那里认识苏格拉底，而并没有同他本人打过交道，除了他还是
一个孩子时，假如他曾在某个地方因跟随他的父亲而在他的一些 187e1
同乡人中间靠近过你的话——或者在某个神庙那里，或者在他的
同乡人的某一其他集会那里——。但当他变老后，你显然就再也
没有遇到过这个人。

吕西马科斯：究竟为什么呢，尼基阿斯啊？ 187c5

尼基阿斯：在我看来你并不知道下面这些，那就是：一个人，
一旦他离苏格拉底很近，并且通过谈话而与之结交，那他就必
然——即使他起先开始与之交谈的是关于某件别的事情——不停
地被这个人在谈话中领着绕圈子[1]，直到他落入到就他自己给出一 187c10
种说明为止，诸如他现在究竟在以何种方式进行生活，以及他究 188a1
竟又以何种方式度过了那过往的生活；而当他落入其中之后，苏
格拉底不会事先就放他走，直到他通过盘问很好且正确地检查了
所有这些事情为止。而我既和这里的这个人[2]是熟识的，也知道一
个人必然会因此人而遭受这些；此外，我自己也肯定将遭受这些，
这点我也很清楚。其实我很高兴，吕西马科斯啊，同这个人结交，188a5
并且我认为：这点被提醒，那也不是一件坏事，即我们已经糟糕
地做了或者正在做什么；而且一个人要对将来的生活更有先见之 188b1
明，下面这些对他来说就是必然的，那就是，他不逃避这些，而
是愿意——按照梭伦所说的那样——以及认为值得继续进行学习，

① 对观《菲勒玻斯》(19a3-5)：这可不是一个微不足道的问题，菲勒玻斯啊，我不知道，苏格拉底为何总以这样那样的方式领着我们绕圈子而把我们扔入其中。

② 这里的这个人（τῷδε），即苏格拉底。

只要他还活着[1]，并且不会以为单纯年龄就将给他带来有头脑。当
188b5 然，对我来说，被苏格拉底盘问，这既不是不寻常的，也不是不
愉快的，而且我甚至早已差不多知道，我们的讨论将不会是关乎
188c1 那些年青人的，只要苏格拉底在场，而是关乎我们自己。所以，
正如我所说的，一方面，就我这方来说，没有什么能妨碍我同苏
格拉底一道消磨时光——以这个人所愿意的那种方式；另一方面，
就这里的这位拉刻斯，请你看看，关于诸如此类的事情他是怎么
个态度。

拉刻斯：肯定就我这方来说，尼基阿斯啊，关于讨论我的态
188c5 度是直截了当的，但如果你愿意，则不是简单的，而是双重的。
因为对有的人来说，我看起来既是一个热爱讨论的人[2]，也复又是
一个憎恶讨论的人。因为，每当我听到一个人在讨论德性，或者
188d1 讨论某种智慧时，如果他真的是一个男子汉并且配得上他所说的
那些言辞，那时我就特别地感到高兴，因为我在下面这点上同时
看到了说话者和被说出来的话，那就是两者彼此之间是相适的以
及和谐的。并且在我看来，这样一个人全然就是一位音乐家，因
为他调配出了最美的和音，但不是在七弦琴上或者其他某种消遣
188d5 之乐器上，相反，事实上他本人通过言行一致而把他自己的生命
调配得和谐，它完完全全就是多立斯调的，而非伊奥尼亚调的，
而我也认为既不是弗里基亚调，也不是吕底亚调的；而唯有那多

① 对观《苏格拉底的申辩》(29d2–5)：诸位雅典人啊，我虽然尊敬和热爱你们，但我得更听从神而不是你们；并且只要我还一息尚存和还可能的话，我就不会停止热爱智慧。

② 一个热爱讨论的人（φιλόλογος），也可以译为“一个热爱言辞的人”。

立斯调的才是希腊人的曲调[1]。因此，一方面，这样一个人，只要他一说话，他就会使我感到愉悦，并且使我对任何人都显得是一 188e1
个热爱讨论的人——我如此急切地接受被他说出的事情——；另一方面，那做与此相反的事情的人[2]，则让我感到痛苦，他看起来越是说得天花乱坠，也就越是如此多地让我感到痛苦，并且复又使我看起来是一个憎恶讨论的人。而对于苏格拉底的各种言论，我诚然是没有经验的，但以前，如看起来的那样，对他的各种行 188e5
为则有所检验，并且在那里我发现他既是一个配得上他所说出的 189a1
那些漂亮言辞的人，也是一个配得上完全开诚布公地进行讨论的人[3]。因此，如果他拥有上面这点[4]，那我就会与这个人抱有同样的

① 多立斯人（Δωρίς）是古代希腊的一个主要部族，大部分生活在伯罗奔尼撒半岛、克里特岛等处，定居在伯罗奔尼撒半岛的多里斯人创建了著名的斯巴达城邦。伊奥尼亚人（Ἰωνικός）也是古代希腊的一个主要部族，主要生活在东部希腊，含小亚细亚西部的一些地方。弗里基亚人（Φρύξ）和吕底亚人（Λυδός）主要生活在小亚细亚中西部和西部，这两个民族在当时都曾被视为“野蛮民族”。

柏拉图在《政制》（398-399）中曾讨论过各种音乐调式，如吕底亚调（λυδιστί）、伊奥尼亚调（ἰαστί）、多立斯调（δωριστί）等，而每种音乐调式则相应于某种情绪或道德感受。吕底亚调和伊奥尼亚调属于“软绵绵型的”（χαλαραί），表现了柔弱、懒散、委屈悲伤等情绪，这对城邦对卫士来说最不适宜。而多立斯调则属于“阳刚型的”（ἀνδρεῖος），表现了激昂、男子般的气概等，这对于战士和城邦来说是最值得珍爱的。

② 那做与此相反的事情的人（ὁ τἀναντία τούτου πράττων），也可以译为“以同这个人相反的方式行事的人”。

③ 名词 παρρησία 的基本意思是“言论自由”“直言不讳”“开诚布公”；但有时也作贬义理解，指“言语的放肆”。参见《斐德若》（240e5-7）：而当他变得酩酊大醉后，除了不可忍受之外还会感到羞耻，由于那人放纵他的舌头，肆无忌惮和厚颜无耻地胡言乱语。

④ “这点”指代前面的“那些漂亮的言辞”和“完全开成布公地进行讨论”。

愿望，并且我既会非常乐于被这样一个人盘问，我也不会厌恶从他那里进行学习；而我虽然也赞同梭伦所说的，只不过还要加上
189a5 一点，那就是：随着我慢慢变老，我希望学习许多的东西，但只从那些有益的人那里。但愿这个人会赞同我，即老师本人也得是一个优秀的人，免得我由于不愉快地学习而显得是一个不敏于学的人。至于老师是否是比较年轻的，或者还是没有什么名望的，
189b1 或者任何其他诸如此类的，我对之丝毫不关心。因此，苏格拉底啊，我也要公开恳求，请你如你所愿意的那样来教导我和驳斥我，另一方面，你也肯定会从我这里学到我所知道的事情；从那天起我就对你抱有如此的态度，在那天，你既和我一起共同面临危
189b5 险[①]，你也给出了关于你自己的德性的一种证明——就像一个人必须给出的那样，假如他打算正当地进行给出的话——。因此，你喜欢什么，就请你说什么，根本不用考虑我们之间年龄的差距。

189c1 **苏格拉底**：就你们俩，如看起来的那样，我们不可能责备还没有准备好提出建议和一起进行考察。

吕西马科斯：但这毕竟是我们共同的任务，苏格拉底啊——因为我确实把你当作我们中的一员——，因此，请你替我代表年
189c5 轻人们考察一下，我们需要从这里的这两个人那里[②]了解什么，并且请你通过同这两人进行交谈而给出建议。因为，一方面，由于年龄的缘故，我甚至已经多半忘记了我想询问的事情，此外还有我曾听到过的东西；另一方面，一旦中间还出现了其他一些谈话，

① 见前面 181b1 以下。

② 从这里的这两个人那里，即从尼基阿斯和拉刻斯这两人那里。

那我就完全不记得了。所以，关于我们所摆出来的那些事情，请 189d1
你们说一说，并且也请你们互相进行仔细检查；而我将听，并且
当我听后，我，连同这里的这位墨勒西阿斯，将做你们有可能决
定的任何事情。

苏格拉底：我们必须听从，尼基阿斯和拉刻斯啊，吕西马科
斯以及墨勒西阿斯。那么，我们刚才尝试进行考察的那些，即哪 189d5
些人在这样一种教育上成为过我们的老师，或者我们已经使得另
外哪些人变得更优秀了，即使就诸如此类的事情仔细检查我们自 189e1
己，或许这根本就不是一件坏事。但是，我认为下面这样一种考
察也会把我们引向同样的目的，甚至差不多会是更加从本源处出
发来把我们引向目的。因为，如果我们关于任何事情恰好知道下
面这点，那就是，由于它的在场，它使得它曾于之在场的那种东
西变得更好了，并且除此之外我们还能够使得它在场于那个东西 189e5
那里，那么，显然我们肯定已经知道，恰恰就我们或许会成为其
建议者的那件事来说，一个人如何能够以最容易和最好的方式取
得它。或许你们还没有理解我究竟在说什么，但以下面这种方式
你们就将比较容易理解了。如果我们恰好知道，由于视力在场于 190a1
一些眼睛那里，它使得它曾于之在场的那些眼睛变得更好了，并
且除此之外我们还能够使得它在场于眼睛那里，那么，显然我们
肯定已经知道视力究竟是什么，关于它我们有可能会成为建议者， 190a5
建议一个人如何能够以最容易和最好的方式取得它。因为，如果
我们恰恰不知道这件事，即视力究竟是什么，或者听力究竟是什
么，那么，我们将根本不可能成为值得一提的建议者和医生，无
论是关于眼睛还是关于耳朵，告诉一个人究竟能够以何种方式最 190b1

好地取得听觉或视力。

拉刻斯：你说得正确，苏格拉底啊。

苏格拉底：那么，拉刻斯啊，甚至现在，这里的这两人岂不
190b5 是邀请我们对下面这点给出建议，那就是：以何种方式，一种德
性通过它的在场而会使得他们的儿子们的灵魂变得更好？

拉刻斯：完全如此。

苏格拉底：因此，下面这点岂不就肯定应当属于我们的任务，即知道德性究竟是什么？因为，就德性来说，如果我们真的完全不知道它恰好究竟是什么，那么，我们会以何种方式对任何人成为下
190c1 面这点的建议者呢，即建议他如何能够最好地取得它？

拉刻斯：没有任何方式，我肯定认为，苏格拉底啊。

苏格拉底：那么我宣称，拉刻斯啊，知道它是什么。

190c5 **拉刻斯**：我们当然宣称。

苏格拉底：那么，我们所知道的，我们岂不无疑也能说出它是什么？

拉刻斯：为何不呢？

苏格拉底：那么，最优秀的人啊，让我们不要径直就去考察整
190c10 个德性——因为那或许是一件更重要的任务——，而是让我们首先
190d1 看看它的某个部分，是否我们能够充分地知道它。并且对我们来
说，由此考察才将是比较容易的，而这才是合情合理的。

拉刻斯：那就让我们这样做，苏格拉底啊，如你所希望的那样。

苏格拉底：那么，我们应当首先选择德性的诸部分中的哪个呢？抑或显然它就是关于武装格斗的教导看起来所涉及的那个部

分？而在大多数人看来，它肯定涉及勇敢。是这样吗？ 190d5

拉刻斯：看起来完完全全就是这样。

苏格拉底：那好，就让我们首先尝试，拉刻斯啊，说一说，勇敢究竟是什么；接下来，在此之后再让我们考察，它会以何种 190e1
方式出现在年轻人那里，以及在多大程度上它能够基于追求和学习而出现在年轻人那里。只不过还是请你试着讲一下我所说的，那就是，勇敢是什么。

拉刻斯：宙斯在上，苏格拉底啊，说一说它，这并不困难。 190e5
因为，如果一个人愿意通过坚守在队形中抵御敌人，并且不逃跑，那么，你肯定就知道，他会是一个勇敢的人。

苏格拉底：你确实说得很好，拉刻斯啊。但或许我要对下面这点负责，因为我讲得不清楚，那就是你没有回答我想问的那种东西，而是回答了别的。

拉刻斯：你为何这么说呢，苏格拉底？ 190e10

苏格拉底：我将向你解释的，如果我能够的话。你所说的那个 191a1
人，当然也会是勇敢的，因为他通过坚守在队形中同敌人进行战斗。

拉刻斯：至少我是这么主张的。

苏格拉底：其实我也一样。但下面这种人复又会如何呢，他通过逃跑来同敌人进行战斗，而不是通过坚守在队形中？

拉刻斯：如何通过逃跑来同敌人进行战斗？

苏格拉底：肯定就像说西徐亚人[1]那样，他们在逃跑时，比在

[1] 西徐亚人（Σκύθης, Skythes），也译为“塞西亚人”，居住在黑海以北的地区，雅典的警察由西徐亚人充当。

191a10 追击时丝毫不差地进行战斗；而荷马在称赞埃涅阿斯[①]的马非常迅猛地到处跑来跑去时无疑也说道，它们知道既要追击，也要逃跑。并且正是基于下面这点，他也赞扬埃涅阿斯本人，即基于他知道关于逃跑的知识，说他是逃跑的谋划者[②]。

拉刻斯：也确实说得很恰当，苏格拉底啊；因为他在谈论战
191b5 车。并且你也在说关于西徐亚人骑兵的事情。只不过，一方面，骑兵就是这样战斗的，另一方面，重装步兵，则如我所说的那样进行战斗。

苏格拉底：或许有例外，拉刻斯啊，那就是拉栖岱蒙人的重
191c1 装步兵。因为，就拉栖岱蒙人，人们说，在普拉泰阿[③]，当他们遇到波斯人持柳条盾的部队时，他们不愿意通过坚守队形来同那些人战斗，而是宁愿逃跑；但当波斯人的队形已经散开后，他们返
191c5 回来像骑兵一样战斗，并由此在那里赢得了战斗。

拉刻斯：你说得正确。

苏格拉底：因此，这就是我刚才所说的，那就是我要对你没有正确地进行回答负责任，因为我未曾正确地进行询问——其实
191d1 我希望向你了解的，不仅仅是那些在重装步兵作战中勇敢的人，而且还有那些在骑兵作战以及在其他每一种战争形式中勇敢的人；不仅仅是那些在战争中是勇敢的人，而且还有那些在面对大海的
191d5 各种危险中是勇敢的人；以及所有那些面对各种疾病和所有那些

---

① 埃涅阿斯（Αἰνείας, Aineias），特洛伊人的首领之一。

② 参见荷马《伊利亚特》（8. 107–108）。

③ 普拉泰阿（Πλάταια, Plataia），也译为"普拉蒂亚"或"普拉提亚"，位于希腊东南部，公元前 479 年，在那里发生了希腊人同波斯人的战役。

面对各种贫困，甚或面对各种城邦事务是勇敢的人；进而还有，
不仅仅是所有那些面对各种痛苦或各种恐惧是勇敢的人，而且还
有那些强有力地同各种欲望或各种快乐进行斗争的人，无论他们
是通过坚守在那里还是转身逃跑——因为，无论如何都有着这样 191e1
一些，拉刻斯啊，甚至在诸如此类的事情中也是勇敢的人——。

拉刻斯：完完全全就是这样，苏格拉底啊。

苏格拉底：因此，虽然所有这些人都是勇敢的，但一些在各
种快乐中，一些在各种痛苦中，一些在各种欲望中，一些在各种 191e5
恐惧中，取得了勇敢；但是，我无论如何都认为，一些人却恰恰
在同样这些事情中取得了怯懦。

拉刻斯：当然。

苏格拉底：这两者中的每一个究竟是什么？这是我在打听的。191e10
因此，请你再次试着首先说说，勇敢——它在所有这些情形中是
同一的——是什么；或者你尚未理解我所说的？

拉刻斯：还没有完全理解。

苏格拉底：那我就用下面这种方式来讲一讲：就像，如果我 192a1
问速度究竟是什么——对我们而言，它其实既出现在奔跑中，也
出现在弹琴、说话、学习以及其他许多的情形中，并且我们差不
多在任何值得一说的东西那里都取得了它，它出现在各种行动那
里，无论它们是属于双手的，还是属于双脚的，还是属于嘴巴和 192a5
声音的，还是属于思想的——；或者你不这样说？

拉刻斯：我肯定这样说。

苏格拉底：因此，如果有人问我："苏格拉底啊，你在所有事 192a10
情中将之命名为迅速的那种东西，你说它是什么？"那么，我就 192b1

会告诉他，我肯定把在短时间内完成许多事情的那种能力称作迅速，无论是在声音那里，还是在奔跑那里，还是在所有其他的事情那里。

拉刻斯：你的确说得正确。

192b5 **苏格拉底**：因此，也请你，拉刻斯啊，以这种方式来尝试说说勇敢：下面这种能力是一种什么样的能力，它在快乐、痛苦以及在我们刚才说它是在其中的所有那些情形中都是同一的，然后被称作为了勇敢。

192c1 **拉刻斯**：那么在我看来，它是灵魂的一种坚定，如果必须得说它贯穿所有这些情形生来所是的那种东西的话。

苏格拉底：当然必须得这么说，如果我真要回答被我们自己所问的那个问题的话。那么至少对我显得是这样，那就是，并非每一种坚定，如我所认为的那样，都对你显得是勇敢。而我是从下面这点做出推断的：因为我差不多知道，拉刻斯啊，你肯定会
192c5 认为勇敢是属于那些特别美好的事情的。

拉刻斯：你当然得知道，它属于那些最美好的事情。

苏格拉底：那么，那同明智相伴随的坚定，它岂不是美好的和良善的？

192c10 **拉刻斯**：当然。

192d1 **苏格拉底**：但那同愚蠢相伴随的坚定，又如何呢？它岂不与之相反而是有害的和邪恶的？

拉刻斯：是的。

192d5 **苏格拉底**：那么，你会主张这样一种东西是美好的吗，尽管它是邪恶的和有害的？

拉刻斯：这么主张肯定不是正当的，苏格拉底啊。

苏格拉底：因此，你无论如何都不会同意这样一种坚定是勇敢，既然它不是美好的；而勇敢是一种美好的东西。

拉刻斯：你说得对。

苏格拉底：那么，根据你的说法，明智的坚定有可能是勇敢。192d10

拉刻斯：似乎是这样。

苏格拉底：那就让我们看看，它同何者相关是明智的？难道 192e1
它同所有的事情相关——无论是那些重大的事情，还是各种细微
的事情——？例如，如果一个人，当他明智地花银子时表现得坚
定，因为他知道那样花费他将得到更多，你会把这个人称作是勇
敢的吗？

拉刻斯：宙斯在上，我肯定不会。192e5

苏格拉底：再比如，如果一个人，他是一位医生，当他的儿
子或其他某个人得了肺炎并且请求他允许自己喝或吃时，他毫不
心软，而是坚定地加以拒绝，那这又如何？193a1

拉刻斯：这无论如何也不是勇敢。

苏格拉底：那么，在战斗中，一个人，如果他保持坚定并且
愿意进行战斗，他通过明智地进行计算而知道，一方面，其他人 193a5
将援助他，另一方面，同那些他自己与之在一起的人相比，他将
同一些更少且更弱的人进行战斗，而除此之外他还占据着更加有
利的地形，那么，就这个带着如此这般的明智以及准备而保持坚
定的人，你会主张，同在敌方阵营中的那个决意留下来并且保持
坚定的人相比，他是更加勇敢的吗？

拉刻斯：那个在敌方军队中的人是更加勇敢的，我肯定认为，193b1

苏格拉底啊。

苏格拉底：然而，后面这个人的坚定无疑比另外那个人的坚定是更加愚蠢的。

拉刻斯：你说得对。

193b5 **苏格拉底**：并且就那个凭借骑术的知识而在骑兵交战中保持坚定的人，你也将主张，同那个没有这种知识而保持坚定的人相比，他是较少勇敢的吗？

拉刻斯：至少我是这么认为的。

193b10 **苏格拉底**：在你看来那凭借投掷技艺，或者射箭技艺，或者其他某种技艺而保持坚定的人，也同样如此。

193c1 **拉刻斯**：当然。

苏格拉底：所有那些愿意下到水井里并且在里面潜水而在这种任务中——或者在某一其他诸如此类的任务中——保持坚定的
193c5 人，即使他们并不是擅长这种事情的，你也会主张他们比那些擅长这种事情的人是更勇敢的。

拉刻斯：难道一个人还能主张别的什么吗，苏格拉底啊？

苏格拉底：不能主张别的什么，如果他确实如此认为的话。

拉刻斯：而我无疑就这么认为。

193c10 **苏格拉底**：这无论如何都是肯定的，拉刻斯啊，那就是，这样一些人更为愚蠢地在冒险和保持坚定，同那些凭借一种技艺而做同样事情的人相比。

拉刻斯：显然。

193d1 **苏格拉底**：那么，愚蠢的大胆和坚定，在前面岂不对我们曾显得是可耻的和有害的？

拉刻斯：完全如此。

苏格拉底：但勇敢曾被同意为是一种美好的东西。

拉刻斯：确实被同意过。

苏格拉底：但现在反过来，我们复又宣称那种可耻的事情，即愚蠢的坚定，是勇敢。

拉刻斯：我们似乎这样做了。

苏格拉底：那么，你认为我们说道正确吗？

拉刻斯：宙斯在上，苏格拉底啊，我当然不这么认为。

苏格拉底：因此，按照你自己的说法[①]，我和你肯定还没有被调配成多立斯调的，拉刻斯啊；因为我们的行动还没有同我们的言辞达成和谐一致。因为，一方面，在行动上，如看起来的那样，一个人会宣称我们分得了勇敢；另一方面，在言辞上，如我所认为的那样，他不会那么宣称，如果他听到我们现在进行的交谈。

拉刻斯：你说得非常正确。

苏格拉底：然后呢？你认为，我们处在这种状态中，这是美好的吗？

拉刻斯：无论如何都不。

苏格拉底：那你愿意我们听从我们所说的到下面这个程度吗？

拉刻斯：究竟到何种程度，以及听从什么？

苏格拉底：听从要求我们保持坚定的那个言辞。因此，如果你愿意，那就让我们继续进行探究，并且让我们保持坚定，免得勇敢自身会因下面这点而嘲笑我们，那就是我们恰恰没有勇敢地

① 见前面 188d 以下。

探究它，万一坚定自身就是勇敢的话。

拉刻斯：我当然做好了准备，苏格拉底啊，不提前离开；尽管我确实不习惯诸如此类的谈话。然而，一种好胜，即对已经被
194b1 说的那些事情的好胜，抓住了我，并且我也真的对下面这点感到气恼，那就是我如此地没有能力说出我所怀有的想法的话。因为，一方面，我无论如何都看起来对勇敢，即它是什么，怀有一种想法；另一方面，我又不知道它刚才如何从我这里溜掉了，以至于我不能够用言辞来抓住它，并说出它是什么。

194b5 **苏格拉底**：因此，朋友啊，优秀的猎人必定继续追踪，而不放弃。

拉刻斯：完全如此。

苏格拉底：那么，你也愿意我们邀请这里的这位尼基阿斯来一起狩猎吗，看看他是否比我们是更有办法的？

194c1 **拉刻斯**：我愿意；为何不呢？

苏格拉底：来吧！尼基阿斯啊，由于你的这些友人们在讨论中遭遇到了暴风雪，并且走投无路，请你帮助他们，如果你有某种能力的话。因为，一方面，你肯定看到了我们的情况是何等的无路可走；另一方面，请你通过告诉我们你认为勇敢是什么来把
194c5 我们从走投无路中解救出来，并且用言辞来稳固你自己对之所怀有的想法。

尼基阿斯：那好，我就说说我对之所怀有的想法，其实你们早已对我显得没有正确地，苏格拉底啊，定义勇敢。因为，我已经听你正确地说过的那种东西，你们并未使用它。

194c10 **苏格拉底**：究竟是何种东西，尼基阿斯啊？

尼基阿斯：我已经多次听你说，我们中的每个人，恰恰就那 194d1
些对之是有智慧的事情，是优秀的；而就那些对之是无知的事情，是低劣的。

苏格拉底：宙斯在上，你确实说得对，尼基阿斯啊。

尼基阿斯：所以，如果勇敢的人是优秀的，那么，显然他也 194d5
就是智慧的。

苏格拉底：你听到了吗，拉刻斯啊？

拉刻斯：我肯定听到了，但我不是非常明白他所说的。

苏格拉底：但我似乎明白了，其实在我看来，这个人在说勇敢是某种智慧。

拉刻斯：何种智慧呢，苏格拉底啊？ 194d10

苏格拉底：难道你不愿意向这里的这个人问这件事？ 194e1

拉刻斯：我肯定愿意。

苏格拉底：来吧！请你告诉他，尼基阿斯啊，按照你的说法，勇敢会是何种智慧。因为它无论如何都不会是关于吹笛术的智慧。

尼基阿斯：肯定不是。 194e5

苏格拉底：那也定然不是关于弹琴术的智慧。

尼基阿斯：当然不。

苏格拉底：那它究竟是何种知识，或者是关于何者的知识？

拉刻斯：你非常正确地询问了他，苏格拉底啊；并且你也一 194e10
定要让他告诉我们，他主张勇敢是何种知识。

尼基阿斯：我肯定主张它是这种知识，拉刻斯啊，即关乎那
些可怕的事情以及可以去冒险的事情的知识，无论是在战斗中还 195a1
是在其他所有事情中。

拉刻斯：他说得何等奇怪，苏格拉底啊。

苏格拉底：你着眼于什么而这样说呢，拉刻斯啊？

拉刻斯：着眼于什么？智慧无疑是同勇敢相分离的。

195a5 **苏格拉底**：尼基阿斯肯定不主张这点。

拉刻斯：他当然不，宙斯在上；真的，对此他其实在胡说八道。

苏格拉底：那么，让我们教他，而不是指责他。

尼基阿斯：他才不愿意教我呢！相反，在我看来，苏格拉底
195b1 啊，拉刻斯渴望我也显得在胡说八道，因为他自己刚才就显得是这样一个人。

拉刻斯：完全如此，尼基阿斯啊，并且我也肯定将尝试显明这点；因为你的确在胡说八道。因为——例如在各种疾病那里——，难道医生们不知道那些可怕的事情吗？或者，在你看来，
195b5 那些勇敢的人知道这点？或者，你把医生们称作勇敢的？

尼基阿斯：无论如何都不会。

拉刻斯：我认为你也肯定不会这样说农民们；即使这些人无疑知道那些在耕作中可怕的事情，并且其他所有的匠人也都知道
195c1 那些在他们自己的技艺中可怕的事情以及可以去冒险的事情。但是，这些人丝毫不是勇敢的。

苏格拉底：你认为拉刻斯说得怎样，尼基阿斯啊？他肯定看起来说出了某种东西。

195c5 **尼基阿斯**：他确实说出了某种东西，然而说得根本不正确。

苏格拉底：究竟为何如此呢？

尼基阿斯：因为他认为，关于那些在患病的人，医生们除了能够说出令人健康的东西和引起疾病的东西之外，还知道得更多。

但他们其实只知道这么多。然而，是否对某个人来说有可能这才
是更加可怕的，即处在健康状态，而不是处在患病状态，你认为，195c10
拉刻斯啊，医生们知道这点吗？或者，你并不认为对许多人来说，
不从疾病中恢复比从疾病中恢复是更好的吗？因为请你告诉我这 195d1
点：你会主张，对所有人来说活着都是更好的，以及对多数人来
说死亡并不是更好的？

拉刻斯：至少我认为是这样。

尼基阿斯：因此，对一些人来说死亡有好处，对一些人来说
活着有好处，你认为对两者来说可怕的东西是同样的吗？ 195d5

拉刻斯：我肯定不。

尼基阿斯：那么，你竟然会承认医生们或者其他某个匠人也认识这点吗，除了那知道那些可怕的事情和那些不可怕的事情人——我将之称作勇敢的——之外？

苏格拉底：你理解，拉刻斯啊，他所说的吗？ 195d10

拉刻斯：我肯定理解，他其实在把那些预言者称作勇敢的人。195e1
因为，还有其他哪个人将知道对谁活着比死了更好？然而，尼基阿斯啊，你承认你自己是一个预言者呢，还是承认你既不是一个预言者，也不是一个勇敢的人？

尼基阿斯：怎么回事？你复又认为认识那些可怕的事情和可 195e5
以去冒险的事情，这是属于一个预言者的？

拉刻斯：我确实这么认为，难道属于其他某个人？

尼基阿斯：更多地属于我所说的那个人，最优秀的人啊。因
为，一个预言者肯定只需认识那些将要是着的东西之征兆，即对 195e10
某个人来说，将要来临的是死亡呢，还是疾病，还是财产的丧失，196a1

是胜利呢，还是失败——或者是在战斗中，或者是在其他某种竞
技中——。但是，对某个人来说，更好的是遭受这些事情呢，还
是不遭受，对之做出剖判为何更多地属于一个预言者，而不属于
其他任何人？

196a5 **拉刻斯**：而我确实没有理解这个人，苏格拉底啊，他想说什
么。因为，无论是就一个预言者，还是就一位医生，还是就其他
某个人，他都没有将之揭示为他称之为勇敢者的那个人，除非他
196b1 或许在说某位神是勇敢者。所以，尼基阿斯的确对我显得不愿意
高贵地承认，他在胡说，而是在来来回回地兜圈子，以便掩饰他
自己的走投无路。真的，其实刚才我们，我和你，也能够以如此
196b5 这般的方式兜圈子，假如我们只是希望我们看起来没有在自相矛
盾地说话。因此，如果我们的谈话是在某一法庭上，那么，他或
许还有某种理由这么做；但现在，在这里的这样一种交往中，一
个人为何还要用一些空洞的言辞来徒劳地自己装扮自己呢？

196c1 **苏格拉底**：在我看来也没有任何理由这样做，拉刻斯啊。但
让我们看看，免得尼基阿斯认为他说出了某种东西，并且不只是
为了说才说这些。因此，让我们更加清楚地询问他，他究竟怀有
何种想法；并且如果他显得说出了某种东西，那我们就同意他，
否则，就教导他。

196c5 **拉刻斯**：那好，你，苏格拉底啊，如果你想询问，那就请你
询问吧！而我或许已经充分地询问过了。

苏格拉底：当然，没有什么会妨碍我这么做；因为询问将是共同的，既为了我，也为了你。

拉刻斯：当然。

苏格拉底：那就请你告诉我，尼基阿斯啊——毋宁是告诉我 196c10
们；因为我和拉刻斯共同致力于该讨论——，你主张勇敢是关于 196d1
那些可怕的事情和可以去冒险的事情的知识吗？

尼基阿斯：我确实这么主张。

苏格拉底：但是，认识这点，这毕竟不是每个人的事情，既
然无论是一个医生，还是一位预言者，都将不会认识它，甚至也 196d5
都将不会是勇敢的，除非他此外还恰恰取得了这种知识。难道你
不曾这样说吗？

尼基阿斯：肯定这样说过。

苏格拉底：那么，根据谚语，事实上每一头猪都不会认识它，196d10
也不会变得勇敢。

尼基阿斯：在我看来它不会。

苏格拉底：那么下面这点就是显而易见的，尼基阿斯啊，那 196e1
就是，你肯定不相信克洛密翁的母猪已[1]经变得勇敢了。而我并不是因为开玩笑才这样说；相反，我认为，如你那样主张这点的人，对他来说下面这点就是必然的，那就是：他或者不承认任何野兽
的勇敢，或者同意任何一头野兽都是如此的智慧，以至于只有少 196e5
数人才知道的那种东西——由于它是难以认识的——，他宣称一头狮子或一只豹子，甚或一头野猪知道它。而且，那如你所规定的那样来规定勇敢的人，他必然宣称一头狮子、一只鹿、一头公

① 克洛密翁的母猪（ἡ Κρομμυωνία ὗς）后来被英雄忒修斯（Θησεύς, Theseus）所杀；忒修斯更伟大的功绩是杀死了克里特岛上牛首人身的怪物弥诺陶洛斯（Μινώταυρος, Minotauros）。克洛密翁（Κρομμύων, Krommyon）是古代希腊城邦科林托斯（Κόρινθος, Korinthos）和墨伽拉（Μέγαρα, Megara）之间的一个地区。

牛以及一只猴子，它们生来就同等地同勇敢相关。

197a1 **拉刻斯**：诸神在上，你的确说得很好，苏格拉底啊。而请你
也真实地回答我们这点，尼基阿斯啊，那就是：你是主张这些野
兽——我们所有人都同意它们是勇敢的——，比我们是更加智慧
197a5 的呢，还是反对其他所有人的看法，敢于宣称它们绝不是勇敢
的？

尼基阿斯：无论如何，拉刻斯啊，我都肯定既不会把那些野
兽称作是勇敢的，也不会把其他任何由于缺乏理解力而不畏惧那
些可怕的事情的生类称作是勇敢的，而是将之称作是不知畏惧的
197b1 和愚蠢的。或者，你竟然会认为我也把所有那些因缺乏理解力而
无所害怕的孩子称作是勇敢的吗？相反，我认为不知畏惧和勇敢
不是同一回事。而就勇敢和先见之明，我认为只有很少的人才分
197b5 得它们；但伴随缺乏先见之明而来的鲁莽、大胆和不知畏惧，很
多人都分得了它们，无论是男人，还是妇女和孩子，还是野兽。
197c1 因此，你和许多人称之为是勇敢的那些行为，我称之为是鲁莽的，
而勇敢的行为是我正在谈论的那些明智的行为。

拉刻斯：你瞧！苏格拉底啊，这里的这个人，如他所以为的
那样，他其实在何等漂亮地用言辞装扮他自己；而所有人都承认
他们是勇敢的那些人，他却试图剥夺他们的这种尊荣。

197c5 **尼基阿斯**：我至少没有对你那么做，拉刻斯啊，所以请放
心！因为，我宣称你是智慧的，拉马科斯[①]也肯定是，只要你们是

① 拉马科斯（Λάμαχος, Lamachos）是同时期雅典的一位将军，曾同尼基阿斯一起远征西西里，并战死在那里。

勇敢的话，并且许多其他的雅典人也肯定同样如此。

拉刻斯：对此我将无话可说了，尽管我还能够说，免得你说我真的是一个埃克索涅人。

苏格拉底：你什么都别说了，拉刻斯啊。因为，其实在我看来你没有注意到下面这点，那就是：他是从我们的一位朋友达蒙那里取得了这种智慧；而达蒙同普洛狄科斯有着许多的交往，普洛狄科斯这人确实看起来在那些智者中最擅长做这种事，即区分诸如此类的语词[①]。

拉刻斯：的确，苏格拉底啊，对诸如此类的东西精心构思，这更适合于一位智者，而不适合这样一个人，即城邦认为适合指派他来管理它。

苏格拉底：它无论如何都适合于，有福的人啊，一个通过领导各种最伟大的事情去分得最大明智的人；但在我看来，尼基阿斯是值得就下面这点儿来对之进行一种考察的，那就是，他究竟着眼于哪点来规定这个语词，即勇敢。

拉刻斯：那就请你自己去考察吧，苏格拉底啊。

苏格拉底：我打算做这件事，最优秀的人啊。然而，请你不要认为我将允许你不参与讨论，相反，请你集中注意力，并一起考察那些被所说出来的话。

拉刻斯：那只好照办，如果看起来必须的话。

苏格拉底：当然看起来必须。而你，尼基阿斯，请你再次从

---

① 普洛狄科斯（Πρόδικος, Prodikos），约公元前 465–前 415，第一代智者。参见《卡尔米德斯》（163d3–4）：因为我也已经差不多无数次地从普洛狄科斯那儿听说过类似的东西，当他对各种语词做出区分时。

198a1 头告诉我们，你知道在讨论的开始我们考察勇敢，是通过将之作
为德性的一个部分来考察的吗[1]？

尼基阿斯：当然。

198a5 **苏格拉底**：那你也是这样来回答的吗，即它是一个小部分，因
为毕竟还有其他的部分是着，它们全部合在一起才被称作德性？

尼基阿斯：那还用说？

苏格拉底：那么，我将之称作德性之部分的那些东西，你也称它们为德性的部分吗？而除了勇敢之外，我还称自制、正义以及其他诸如此类的为德性的部分。难道你不会吗？

198b1 **尼基阿斯**：当然会。

苏格拉底：现在请停一下！因为，一方面，我们都同意这些；
另一方面，让我们对那些可怕的事情和可以去冒险的事情进行考
察，免得你认为它们是一回事，而我们认为它们是另一回事。因
198b5 此，我们所认为的，我们将对你做解释；而如果你不同意，那你
就教导我们。而我们认为，那些引起害怕的东西是可怕的东西，
而那些不引起害怕的东西则是可以去冒险的东西——但引起害怕
的东西，既不是各种坏事中那些已经发生的，也不是那些正在场
的，而是那些被预期到的；因为害怕是对某一将来的坏事的一种
198b10 预期——，抑或你并不一同这样认为，拉刻斯啊？

198c1 **拉刻斯**：完完全全是这样，苏格拉底啊。

苏格拉底：那好，我们的看法，尼基阿斯啊，请你听听；我们主张，那些将来的坏事是可怕的，而那些将来的不坏的事情或

① 见前面 190b–c。

者好事情[①]，则是可以去冒险的。对此你会这样说吗，还是有别的要说？

尼基阿斯：我肯定这样说。 198c5

苏格拉底：而关于这些事情的知识，你把它称作勇敢吗？

尼基阿斯：完全如此。

拉刻斯：那让我们进一步考察第三点，看看是否你和我们持 198c10
同样的看法。

尼基阿斯：这究竟是何种东西呢？

苏格拉底：我当然会向你解释。因为在我和这里的这个人看 198d1
来，关于任何东西都的确有着某种知识，但不是一种知识关于那
已经发生的知道它是如何已经发生，另一种知识关于那正在发生
的知道它是如何正在发生的，还有一种知识关于那尚未发生的知
道它最好能如何发生和将如何发生；相反，它是同一种知识。例 198d5
如，关于健康，在所有的时间里，别无任何其他知识，除了医学
知识，虽然它是单一的，但它观察那些正在发生的东西和已经发
生的东西，以及将要发生的东西将如何发生。而关于那些从地里
生长出来的东西，耕作的知识也复又同样如此。至于那些关乎战 198e1
争的，你们自己无疑就会为下面这点做证，那就是：领兵的知识
对各种其他事情，尤其是对那些将要是着的事情，最好地进行预
见；它不认为它应当服务于预言术，而是应当统治它，因为它更 198e5
好地知道那些关乎战争的事情——无论是正在发生的，还是将要 199a1

① 那些将来的不坏的事情或者好事情，也可以译为“那些并不作为坏事或者作为好事而将要来临的事情”。

发生的——。并且法律也这样进行安排，它不让预言家统治将军，而是让将军统治预言家。我们将这样主张吗，拉刻斯啊？

拉刻斯：我们将这样主张。

苏格拉底：然后呢？你，尼基阿斯啊，就下面这点你赞同我们吗，那就是：关于同样的事情，同一门知识既理解那些将是着的事情，也理解那些正在发生的事情以及已经发生的事情？

尼基阿斯：我肯定赞同；因为在我看来就是这样，苏格拉底啊。

苏格拉底：那么，最优秀的人啊，勇敢也就是关乎那些可怕的事情和可以去冒险的事情的知识，如你所说；是这样吗？

尼基阿斯：是。

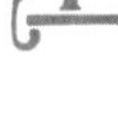

苏格拉底：而那些可怕的事情和可以去冒险的事情，已经被同意[①]，后者是那些将来的好事，而前者是那些将来的坏事。

尼基阿斯：当然。

苏格拉底：但是，同一门知识肯定是关乎同样事情的，既关乎那些将来的事情，也关乎那些处在所有其他状态下的事情。

尼基阿斯：是这样。

苏格拉底：因此，勇敢就不仅仅是关乎那些可怕的事情和可以去冒险的事情的一门知识。因为，它不仅对那些将来的好事以及坏事有理解，而且理解那些正在发生的事情和已经发生的事情，以及处在所有其他状态下的事情，如其他那些知识一样。

尼基阿斯：至少看起来如此。

苏格拉底：所以，尼基阿斯啊，你对我们回答了勇敢的一个部

---

① 见前面 198c 以下。

分，差不多是第三个部分；然而，我们在询问整个勇敢，问它是什
么。因此，甚至现在，如看起来的那样，按照你的说法勇敢不仅仅 199c5
是关乎那些可怕的事情和可以去冒险的事情的一门知识，而且勇敢
差不多也会是关乎所有的好事和坏事，以及处在所有其他状态下的 199d1
事情的知识，就像你的说法现在复又主张的那样。你说要再次这样进行修改吗？或者你如何说，尼基阿斯啊？

尼基阿斯：至少在我看来要进行修改，苏格拉底啊。

苏格拉底：那么在你看来，非凡的人啊，如此这般的人还会
在德性上欠缺某种东西吗，假如他真的已经在方方面面都知道所 199d5
有的好事，知道它们正在如何产生、将要如何产生以及已经如何产生，并且关于那些坏事也同样如此？并且你会认为这个人是欠缺自制的，或者是欠缺正义和虔敬的吗——肯定唯有他适合去仔细防范在诸神那里和在世人那里的那些可怕的事情，并且为自己
取得那些不可怕的事情和那些好的事情，通过知道如何正确地同 199e1
诸神和世人交往——？

尼基阿斯：苏格拉底啊，在我看来你说得中肯。

苏格拉底：那么，尼基阿斯啊，现在被你说的那种东西，就不会是德性的一个小部分，而是整个德性。

尼基阿斯：看起来是这样。 199e5

苏格拉底：但我们确实曾主张，勇敢是德性之诸部分中的一个小部分。

尼基阿斯：我们的确主张过。

苏格拉底：而现在说出来的，肯定显得不是这样。

尼基阿斯：看起来不是。 199e10

苏格拉底：因此，我们未曾发现，尼基阿斯啊，勇敢是什么。

尼基阿斯：我们显得没有。

200a1 **拉刻斯**：真的，亲爱的尼基阿斯啊，我的确以为你将会发现
呢，既然那时你曾鄙视我，当我回答苏格拉底的时候。其实我一
直对下面这点满怀着很大的希望，那就是，你凭借从达蒙那里而
来的智慧将找到它。

尼基阿斯：确实说得很好，拉刻斯啊，因为，你不再认为下
200a5 面这点是要紧的，那就是你自己刚才显得关于勇敢一无所知；但
是，我是否也将显得是另外一个这样的人，你盯住这点不放。其
实就下面这点来说不再有任何的不同，如看起来的那样，那就是，
你连同我，就那些对一个自以为自己还有那么点价值人来说理应
200b1 对之具有知识的事情，我俩都一无所知。因此，在我看来，你的
确真正在从事一件属人的事情，那就是从不看自己，而是盯住别
人不放。而我认为，关于我们所谈论的那些东西，现在已经被我
恰当地说了，并且如果其中还有什么说得不充分的，以后我再纠
200b5 正我自己，既在达蒙的帮助下——你认为或许可以嘲笑此人，即
使你从未见过达蒙——也在其他的人的帮助下。并且一旦我确认
了它们，我就将教你，而不会吝惜；因为在我看来，你其实还非
200c1 常需要进行学习。

200c5 **拉刻斯**：因为你真的是一个智慧的人[①]，尼基阿斯啊。然而，
我依旧要建议这里的这位吕西马科斯和墨勒西阿斯，就年轻人的
教育，一方面不用理会你和我；另一方面，这位苏格拉底，就像

① 这显然也是在讽刺。

我一开始就说过的那样[①]，不要放他走。如果我的孩子们到了合适的年龄，我也会做同样这些事情。

尼基阿斯：我当然也同意这点；只要苏格拉底愿意关心年轻
人，我就不会再去寻找其他人。因为我也会非常乐意地把尼刻刺 200d1
托斯[②]托付给这个人，如果这个人愿意的话。但事实上，他每次都向我推荐一些其他的人，每当我就此事向他提及某种东西的时候，而他本人却并不愿意。那么，请你看看，吕西马科斯啊，是否苏格拉底会宁愿听从你。

吕西马科斯：无论如何都是合理的，尼基阿斯啊，因为我也 200d5
愿意为这个人做许多我根本不会愿意为其他许多人做的事情。因此，你怎么说呢，苏格拉底啊？你会有所听从吗，并热心帮助年轻人变得尽可能的优秀？

苏格拉底：真的，这肯定会是一件可怕的事情，吕西马科斯 200e1
啊，即不愿意热心帮助任何一个人变得尽可能的优秀。因此，如果在刚才的这些对话中我真的显得是一个知道者，而这里的这两个人却显得是两个不知道者，那么，特别地唤我来从事这项工作，
这就是合情合理的；然而，现在我们所有人却都毕竟同样地陷入 200e5
了困惑中。所以，一个人为何还要首先选择我们中的某一位呢？因
此，在我看来，他其实不应选择我们中的任何一个。但是，既然 201a1
事情是这个样子，那就请你们考虑一下，看看我是否将显得还能为你们建议点什么。因为，我说必须这样做，诸位啊——我们中

① 见前面 184c 以下。

② 尼刻刺托斯（Νικήρατος, Nikeratos）是尼基阿斯的儿子。参见《理想国（政制）》（327c2）：尼基阿斯的儿子，尼刻刺托斯。

任何人都不要把这话泄露出去——那就是，我们所有人首先并且尤其要为我们自己共同去寻找尽可能优秀的老师——因为我们需要他——，然后也为那些年轻人寻找他，既不要吝惜钱财，也不要吝惜其他任何东西。而听任我们自己是我们现在所是的这个样子，我不建议这点。但如果有人嘲笑我们，说已经是如此这把年纪，我们竟然还认为值得经常前往老师们的家里，那么，在我看来就必须援引荷马，这个人说：对于一个处在贫困中的人来说，羞耻心并不是好的[①]。所以，我们无需理睬，如果有人说什么的话，让我们共同对我们自己以及对年轻人加以关心。

吕西马科斯：我确实感到满意，苏格拉底啊，对你所说的。并且我也愿意，在这儿我年龄是最大的，有多大，也就有多热忱地同年轻人一道进行学习。但请你为我这样做：明天清晨就请你到我家里来，并且你不要拒绝，以便我们就这些事情进行商量。而现在，让我们今天的聚会到此结束吧。

苏格拉底：我当然会这样做的，吕西马科斯啊；并且我明天也将来你这里，如果神也如此希望的话。

① 见荷马《奥德修斯》(17. 347)。在《卡尔米德斯》(161a2-5)中也引用过荷马的这句话：究竟怎么回事呢？我说道；难道你不相信荷马说得很正确吗，当他说：对于一个处在贫困中的人来说，羞耻心并不是好的？我肯定相信，他说。

术 语 索 引*

缩略语

adv.—副词　comp.—比较级　sup.—最高级

* 本书索引标注的为斯特方行码（伯奈特校勘本），汉译词请在其附近查找。

B

δῶρον (δωρεά) 礼物，礼品，187a3

E

ἐάω (ἐατέος) 允许，同意，不理会，放弃，179d1, 185a2, 200c4, 201a6, 201b3

ἐγγύς (comp. ἐγγύτερος; sup. ἐγγύτατος) 近，附近，187e6

ἐγκωμιάζω 颂扬，称赞，191b2

ἐθέλω 愿意，乐于，181b3, 185e9, 187c4, 188b2, 189a5, 191c2, 193a3, 193a9, 193c2, 196a7, 200c7, 200d3, 200d6, 201b6, 201c5

εἶδος 形式，样式，形状，外貌，形相，191d3

εἴδω (οἶδα, ἀπό-εἶδον) 看，知道，熟悉，179a8, 181b7, 186d3, 187e6, 188a5, 189b3, 189e6, 190a4, 190a6, 190b7, 190b8, 190c4, 190c6, 190c10, 190e6, 192c5, 192c7, 192e1, 192e3, 193a4, 194b2, 195c1, 195c7, 195c9, 196e5, 196e7, 198a1, 198d3, 198e5, 199d5, 200a5, 200a7, 200b6, 200e3, 200e4

εἰκός (adv. εἰκότως) 很可能的，合理的，当然的，183b2, 184e4, 187c7, 190d1

εἶμι (ἰτέον) 去，来，187a3, 194c2, 194e3

εἶπον 说，178a3, 178b1, 178b4, 179c1, 180c8, 182c8, 184b1, 186b3, 186e4, 187d1, 190c6, 190d8, 190e3, 190e4, 190e8, 191b3, 191e10, 192a9, 192b6, 192c1, 194b1, 194b4, 194c3, 194e3, 194e10, 195a3, 195c8, 195c12, 197c8, 197d1

εἰρήνη 和平，179c4

εἰσηγέομαι 提出，引进，179e1

ἕκαστος 每，每一个，各自，183c6, 194d2

ἑκάστοτε 每回，每次，任何时候，181a2, 200d2

ἑκάτερος 两者中的每一个，179c2, 186e4, 187a1, 191e9

ἐκλύω 解开，摆脱，194c5

ἔκφορος 泄露出去的，201a3

ἑκών 自愿的，心甘情愿的，故意的，183d4

ἔλαφος 鹿，196e7

ἐλαχύς (comp. ἐλάσσων; sup. ἐλάχιστος) 少的，小的，182a1, 193a5

ἐλέγχω 质问，反驳，谴责，189b2

ἐλεύθερος 自由的，182a1, 186b4

ἕλκω 拖，拉，扯，183e3

ἐλπίς 希望，200a2

ἔμπειρος 有经验的，有见识的，老练的，熟悉的，188e5

ἐμπίτνω (ἐμπίπτω) 落到，落进，撞上，187e10, 188a2

ἔναγχος 刚刚，刚才，不久前，180c9

ἐναντιόομαι 反对，拒绝，197a4

ἐναντίος 相反的，对立的，184d3, 185a6, 188e2, 192d1, 193a8, 193b1, 196b4

ἐνδεής (adv. ἐνδεῶς) 不足的，缺乏的，199d7

ἐνδείκνυμι 证明，指出，检举，179d3

ἕνεκα 为了，由于，178a2, 185c1, 185d5, 185d6, 185d7, 185e2, 196c2

ἐνέχω 保持，心中怀抱着，183e2

ἐνθένδε (ἔνθεν) 从这里，192c5

ἐνταῦθα (ἐνθαῦτα) 在这儿，180c2, 182c9

ἐντεῦθεν 从这里，从那里，从此以后，187c5

ἐντυγχάνω 路遇，碰见，184a8, 187e3

ἐξαμαρτάνω 犯错，184b7

ἐξαπατάω 欺骗，引诱，182e3

Z

H

Θ

I

K

Λ

P

Σ

σκεπτέον 必须考虑，必须考察，185e6
σκέπτομαι 考虑，思考，183c3, 184e11, 185b2, 185b11, 187d2, 190d8, 198b3, 198b3, 198c9, 201a1
σκεῦος 器具，器皿，183e2
σκέψις 考虑，思索，观察，189e2, 190d1
σκοπέω 考虑，注视，查明，179d6, 185b1, 185c3, 185c6, 185d1, 185d5, 185d6, 185d9, 185d10, 185e1, 187b1, 189c4, 189d5, 190c9, 197e5, 198a1, 198a2
σοφία 智慧，188c7, 194d9, 194d10, 194e3, 195a4, 197d2, 200a2
σόφισμα 巧计，妙法，183d7
σοφιστής 智者，186c3, 197d4, 197d6
σοφός 智慧的，194d4, 196e5, 197a2, 197c6, 200c2
σπουδάζω 认真做，热衷于，183a4
σπουδαῖος 急切的，认真的，杰出的，182e4
σπουδή 急忙，热切，认真，184c5
στόμα 嘴，192a5
στοχάζομαι 瞄准，以……为目标，猜测，揣度，178b2
στρατηγία 将军的职权，领兵，182c1, 198e3
στρατηγός 将军，统帅，199a2, 199a3
στρατόπεδον 营地，军营，193a9
στρέφω 旋转，翻滚，196b1, 196b3
στύραξ 矛杆，184a1
συγγίγνομαι 和某人在一起，和某人交往，和某人交谈，帮助某人，186e5, 187d7
συγχωρέω (συγχωρητέον) 让步，同意，189a4, 189a6, 196c4, 196e4, 200c7
συλλαμβάνω 使闭上，使合上，集合，把握，领会，194b3
σύλλογος 集会，会议，187e2
συμβαίνω 有结果，发生，180b5, 187b4
συμβουλεύω 劝说，劝告，建议，178b1, 178b2, 180a2, 180e1, 181d2, 184c7, 189c2, 189c5, 200c3, 201a2, 201a7
συμβουλή (συμβουλία) 建议，劝说，忠告，178b5, 186a4, 187c6, 190b4
συμβούλομαι 抱同一愿望，同意，189a2
σύμβουλος 顾问，参谋，179e5, 180b8, 185d9, 189e6, 190a4, 190a7, 190c1
σύμμαχος 共同战斗的，结盟的，179c5
συμπαραλαμβάνω 接纳，邀请，179e5
σύμπας (συνάπας) 全部，总共，整个，191d2, 198a5, 199e4
συμπροθυμέομαι 热心帮助，乐意帮助，200d7, 200e2
συμφέρω (συμφορέω) 收集，聚集，184d2
σύμφημι 同意，赞成，199a6
συμφωνέω 发出同样的声音，相一致，193e1
σύμφωνος 发出同样声音的，相一致的，和谐的，188d5
σύμψηφος 一致的，和某人一起投票支持某人的，184d4
συνδιακινδυνεύω 一起面临危险，189b5
συνδιατρίβω 一同消磨时光，180d3, 188c2
συνδοκέω 也同意，一同认为好，198b9, 198c9
σύνειμι 在一起，共处，结交，181c4
συνήθης 熟识的，同住的，188a4
συνθεάομαι 一起观看，178a2
συνθεατής 一同观看的人，一同观赏的人，179e5
συνίστημι 组成，联合；介绍，200d2
συνουσία 就教，交往，196b6, 201c2
συσκοπέω 一起考察，一同思考，189c2,

Ψ

Ω

专名索引

神话与传说

人名

地名

其他

参考文献

（仅限于文本、翻译与评注）

1. *Platon: Platonis Philosophi Quae Extant, Graece ad Editionem Henrici Stephani Accurate Expressa, cum Marsilii Ficini Interpretatione*, 12Voll. Biponti (1781–1787).
2. F. Ast, *Platonis quae exstant opera, Graece et Laine*, 11 Bände. Lipsiae (1819–1832).
3. I. Bekker, *Platonis Scripta Graece Opera*, 11Voll. Londini (1826).
4. H. Cary, G. Burges, *The Works of Plato, a new and literal version, chiefly from the text of Stallbaum*, 6 vols. London (1848–1854).
5. *Platons Laches und Charmides, Griechsich und Deutsch, mit kritischen und erklärenden Anmerkungen*. Leipzig (1854).
6. F. Schleiermacher, *Platons Werke*, Ersten Theiles Erster Band, Dritte Auflage. Berlin (1855).
7. H. Müller, *Platons Sämmtliche Werke*, 8 Bände. Leipzig (1850–1866).
8. G. Stallbaum, *Platonis opera omnia, Recensuit, Prolegomenis et Commentariis, Vol. V. Sect. 1. Continens Lachetem, Charmidem, Alcibiadem Utrumque*. Gothae (1857).
9. W. William, *Platonic Dialogues for English Readers*, 3 Vols. Cambridge (1859–1861).
10. E. Jahn, *Platon's Laches, Einleitung und Anmerkungen*. Wien (1864).
11. R. B. Hirschigius, *Platonis Opera, ex recensione R. B. Hirschigii, Graece et Laine*, Volumen Primum. Parisiis, Editore Ambrosio Firmin

Didot (1865).

12. M. Schanz, *Platonis Charmides, Laches, Lysis*. Lipsiae (1883).
13. C. Schmelzer, *Platos Ausgewählte Dialoge, Neunter Band, Laches, Ion*. Berlin (1884).
14. J. Wright, *Plato's Dialogues*. A. L. Burt Company, Publisher, New York (1890).
15. E. F. Mason, *Talks With Athenian Youths: Translations From the Charmides, Lysis, Laches, Euthydemus, and Theaetetus of Plato*. New York (1891).
16. Ch. Cron, *Platons Laches, Für den Schulgebrauch, Fünfte Auflage*, Leipzig (1891).
17. B. Jowett, *The Dialogues of Plato*, in Five Volumes, Third Edition. Oxford (1892).
18. B. Newhall, *The Charmides, Laches, and Lysis of Plato*. New York, American Book Company (1900).
19. J. Burnet, *Platonis Opera*, Tomus III. Oxford (1903).
20. K. Preisendanz, *Platons Euthyphron / Laches / Hippias*. Jena (1905).
21. G. Budé / M. Croiset, *Platon: Œuvres complètes*, Tome 2. Texte établi et traduit par Alfred Croiset. Paris (1921).
22. O. Apelt, *Platon: Sämtliche Dialoge*, 7 Bände. Leipzig (1922−1923).
23. W. R. M. Lamb, *Plato: Laches, Protagoras, Meno, Euthydemus*. Loeb Classical Library. Harvard University Press (1924).
24. *Platon: Sämtliche Werke*, in 3 Bänden. Verlag Lambert Schneider, Berlin (1940).
25. Hamilton and Huntington Cairns, *The Collected Dialogues of Plato*. Princeton (1961).
26. R. Schrastetter, *Platon: Laches, Griechisch-deutsch*. Verlag Von Felix Meiner, Hamburg (1970).
27. R. Rufener, *Platon: Jubiläumsausgabe Sämtlicher Werke zum 2400. Geburtsage, in Achte Bänden*. Artemis Verlage Zürich und München (1974).

28. J. Kerschensteiner, *Platon: Laches, Griechisch / Deutsch*. Reclam, Stuttgart (1982).
29. Ch. Emlyn-Jones, *Plato: Laches. Text, with Introduction, Commentary and Vocabulary*. Bristol Classical Press, London (1996).
30. J. M. Cooper, *Plato Complete Works, Edited, with Introduction and Notes, by John M. Cooper*. Indianapolis / Cambridge (1997).
31. P. Gardeya, *Platons Laches. Interpretation und Bibliographie. dritte erweiterte Auflage*, Königshausen & Neumann, Würzburg (2002).
32. R. Waterfield, *Plato: Meno and other dialogues*. Oxford University Press (2005).
33. J. Hardy, *Platon: Laches, Übersetzung und Kommentar.* Vandenhoeck & Ruprecht, Göttingen (2014).
34. G. Eigler, *Platon: Werke in acht Bänden, Griechisch und deutsch, Der griechische Text stammt aus der Sammlung Budé, Übersetzungen von Friedrich Schleiermacher und Hieronymus Müller*. Darmstadt: Wissenschaftliche Buchgesellschaft (7. Auflage 2016).
35. K. Stefou, *Socrates on the Life of Philosophical Inquiry: A Companion to Plato's Laches*. Springer (2018).
36.《赖锡斯　拉哈斯　费雷泊士》，严群译，北京：商务印书馆，1993 年。
37.《柏拉图〈对话〉七篇》，戴子钦译，沈阳：辽宁教育出版社，1998 年。
38.《柏拉图对话集》，王太庆 译，北京：商务印书馆，2004 年。
39.《政治哲学之根：被遗忘的十篇苏格拉底对话》，托马斯·潘戈尔编，韩潮等译，北京：商务印书馆，2019 年。

吕　西　斯①

① 忒拉叙洛斯（Θράσυλλος, Thrasyllus）给该对话加的副标题是“或论友谊”（ἢ περὶ φιλίας）；按照希腊化时期人们对柏拉图对话风格的分类，《吕西斯》属于“助产性的”（μαιευτικός）。

吕　西　斯

苏格拉底

我那时从阿卡得弥亚[①]出来，就径直前往吕克昂[②]，沿着城墙外 203a1
的那条路走[③]，它就在城墙的下面。而当我走到了一个小门那里时，

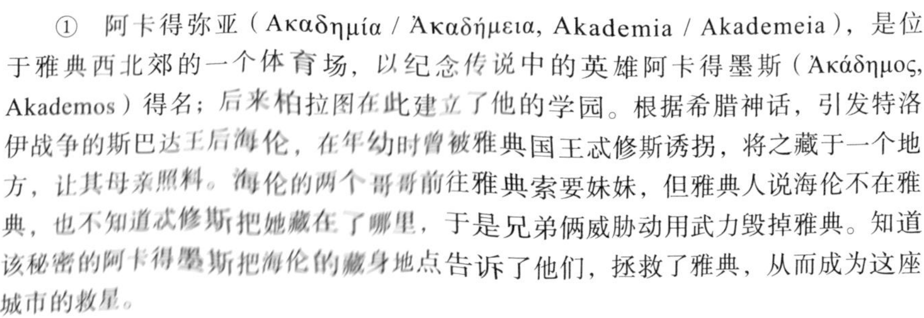

① 阿卡得弥亚（Ακαδημία / Ἀκαδήμεια, Akademia / Akademeia），是位于雅典西北郊的一个体育场，以纪念传说中的英雄阿卡得墨斯（Ἀκάδημος, Akademos）得名；后来柏拉图在此建立了他的学园。根据希腊神话，引发特洛伊战争的斯巴达王后海伦，在年幼时曾被雅典国王忒修斯诱拐，将之藏于一个地方，让其母亲照料。海伦的两个哥哥前往雅典索要妹妹，但雅典人说海伦不在雅典，也不知道忒修斯把她藏在了哪里，于是兄弟俩威胁动用武力毁掉雅典。知道该秘密的阿卡得墨斯把海伦的藏身地点告诉了他们，拯救了雅典，从而成为这座城市的救星。

② 吕克昂（Λύκειον, Lykeion），是位于雅典东郊的一个体育场，因附近祭奉太阳神阿波罗的吕克欧斯（Λύκειος, Lykeios）神庙而得名。吕克欧斯是阿波罗的别号之一，有三种解释：（1）源出于 λύκος［狼］，意为“杀狼神”；（2）源出于地名 Λυκία［吕西亚］，意为“吕西亚的神”；（3）源出于 λυκή［光明］，意为“光明之神”。吕克昂是当时雅典青年人喜欢的聚集场所，苏格拉底也经常前往那里；后来，亚里士多德由于是异邦人，不能在雅典置产，因此他在吕克昂租建了一些房子建立了自己的学园。

③ 沿着城墙外的那条路走（ἐπορευόμην ... τὴν ἔξω τείχους）是一个整体，字面意思是“走过了城墙外的那条路”。由于“阿卡得弥亚”位于雅典的西北，而“吕克昂”位于东边，这一表达形象地刻画了苏格拉底所走的路。

在那儿有着帕诺普斯[1]的喷泉，在那里我遇见了赫洛倪摩斯的儿子
203a5 希珀塔勒斯[2]和派阿尼阿人克忒希珀斯[3]，以及一大群与这两人在一
起的其他年轻人。而当我走过去后，希珀塔勒斯看到了我，苏格
203b1 拉底啊，于是他说道，你究竟要去哪儿，并且从哪儿来？

从阿卡得弥亚来，我说，我准备径直前往吕克昂。

那么，他说，直接到我们这儿来吧。你就不能走近一点吗？那肯定是值得的。

203b5 到哪儿，我说道，你在说，并且前往你们哪些人那里？

到这儿，他说道，他向我指了指在城墙正对面的一个被围了起来的地方，以及一扇已经开着的门。我们就在这里消磨时间，他说，不仅是我们自己，而且还有其他人，他们人数很多，并且都长相英俊。

204a1 那么，这究竟是个什么地方，并且是何种消遣呢？

一所摔跤学校，他说道，它刚刚被建成。而消遣多半是进行讨论，我们会乐意与你分享它们。

---

① 帕诺普斯（Πάνοψ, Panops）有可能是神使赫尔墨斯（Ἑρμῆς, Hermes）的别号，Πάνοψ 由 πᾶς［全部 / 一切］和 ὄψις［视力 / 目光］构成，意思是“看见一切”；形容词 πανόοψιος 的意思是“能看见一切的”“在众目睽睽之下的”。

② 赫洛倪摩斯（Ἱερώνυμος, Hieronymos）和希珀塔勒斯（Ἱπποθάλης, Hippothales），生平不详。

③ 派阿尼阿人克忒希珀斯（Κτήσιππος, Ktesippos）。在《斐洞》（59b8-10）中曾提到过克忒希珀斯：而派阿尼阿人克忒希珀斯和墨涅克塞诺斯，以及其他一些本地人那时也在。派阿尼阿（Παιανία, Paiania）是位于雅典东部的一个地方，属于十个部族中的潘狄俄尼斯部族（Πανδιονίς, Pandionis），本身又分为“上派阿尼阿”和“下派阿尼阿”。著名演说家德摩斯忒涅斯（Δημοσθένης, Demosthenes）就来自这个地方。

那你们就确实做得很漂亮，我说道。不过，谁在那里教呢？

其实是你的一位朋友，他说道，也是你的赞美者，弥科斯[①]。 204a5

宙斯在上，我说，他肯定不是一个平庸的人，而是一位有能力的智者。

那么，你愿意听从吗，他说道，以便你也可以看一看究竟是哪些人在那儿？

我会乐意首先听一听，到底为了谁我要进去，也即是说，谁 204b1
是英俊的人。

我们中，他说，不同的人有不同的看法，苏格拉底啊。

那么，在你看来究竟是谁呢，希珀塔勒斯啊？请你告诉我这点。

而被我这样一问，他顿时脸就红了。于是，我说道：赫洛倪 204b5
摩斯的孩子啊，希珀塔勒斯，你不用再告诉我这点了，即你在爱
慕那些人中的某位呢，还是没有；因为我已经知道，你不仅在爱
慕，而且还深深地陷入到了爱慕中。而我虽然在其他事情上是平
庸的和无用的，但下面这点不知怎的却从某位神那里被赋予给了 204c1
我，那就是，我能够快速地辨认出一个在爱慕的人以及一个被爱
慕的人。

而当他听见这些之后，他的脸更是愈发地变得红了起来。于
是，克忒希珀斯说道，这真是迷人呀，你的脸红起来了，希珀塔 204c5
勒斯啊，并且犹豫告不告诉苏格拉底那个人的名字；但如果这人[②]

① 弥科斯（Μίκκος, Mikkos），生平不详。

② 这人（οὗτος），即苏格拉底。

同你一起消磨时间，哪怕只是一小会儿，他就将因听到你不断地
204d1 对他絮叨那个名字而受到折磨。至少我们的耳朵，苏格拉底啊，
他已经把它们完全给搞聋了，并且让它们充满了吕西斯的名字；
当然，如果他喝上那么一点，那么对我们来说就容易设想，甚至
当我们从睡梦中一觉醒来，也就会听到吕西斯的名字。在日常交
谈中他所描述的那些，虽然是可怕的，但无论如何都还不是非常
可怕；而每当他着手对我们滔滔不绝地倾吐他的那些诗作和文章
204d5 时，就非常可怕了。并且比这些更为可怕的是，他甚至用一种令
人惊异的声音为他的心上人[①]唱歌，而我们却必须忍受听那种声
音。而现在当他被你询问时，他竟然还脸红了！

204e1 但吕西斯，我说，肯定是某个年轻人，如看起来的那样；而
我之所以这样推断，因为当我听到这个名字时，却没有认出他。

那是因为，他说道，人们几乎完全不提他本人的名字，相反，
204e5 他依旧从他父亲的名字那儿被称呼，因为他的父亲非常广为人知。
其实我很清楚，你远不应不知道这孩子的模样，因为，甚至单凭
这点他就足以被认出来。

只管说，我说道，他究竟是谁的儿子。

---

① 心上人 / 心爱的少年（τὰ παιδικά）是固定表达。形容词 παιδικός 的本义是“儿童的”，也专指“给心爱的少年的”；但其中性复数 παιδικά 则具有“宠儿”“宝贝”等意思，《牛津希-英词典》对 τὰ παιδικά 的解释是：darling, favourite, minion。参见《斐德若》(236b5-6)：你是不是已经过于认真了些，斐德若啊，就因为我为了取笑你而攻击了你那心爱的少年。

在其他地方，苏格拉底曾称热爱智慧 / 哲学（φιλοσοφία）为他的心上人（τὰ παιδικά），参见《高尔吉亚》(482a3-4)：请你不要吃惊我这样说，而是要让哲学，即我的心上人，停止这样说。

德谟克剌忒斯的，他说道，一个来自埃克索涅区[①]的人的大儿子。

很好，我说，希珀塔勒斯啊，你已经找到的这位爱人，是 204e10
多么高贵并且在各方面都意气风发！那就来吧，也请你向我展 205a1
示你向这里的这些人所展示的那些，以便我看看你是否知道，一个爱慕者关于心上人应当说些什么，无论是对他本人[②]，还是对其他人。

但是，这里的这个人所说的那些事情中的任何一样，他说道，苏格拉底啊，你都会重视吗？

那你是要否认，我说，你在爱慕这里的这个人所提到的那个人吗？

我肯定不否认，他说道，而只是否认在为心上人作诗，或者 205a5
写文章。

他脑子这会儿肯定不健康，克忒希珀斯说道，而是在说胡话和发疯。

于是我说道：希珀塔勒斯啊，我既不需要听那些诗行中的某
句，也不需要听任何的曲子[③]——如果你已经为那位年轻人完成了 205b1
诸如此类的东西的话——，而只是需要听听关于它们的意图，以

① 埃克索涅（Αἰξωνή, Aixone）是阿提卡的一个区，那里的人以滥用言辞出名。参见《拉刻斯》（179c9–d1）：对此我将无话可说了，尽管我还能够说，免得你说我真的是一个埃克索涅人。

② 对他本人（πρὸς αὐτόν），即对心上人（πρὸς παιδικά）。

③ 名词 μέλος 除了具有“四肢”“肢”这一本义之外，在音乐中指“曲调”。因此，词组 ἐν μέλει 的意思是“在调上的”，喻为“合适地”“恰当地”“正确地”，而 παρὰ μέλος 的意思则是“不在调上的”，转义为“不恰当地”“不正确地”。

便我知道你究竟在以何种方式同心上人打交道。

这里的这个人无疑会对你讲，他说；因为他知道得很清楚并
205b5 且也记得很清楚，假如真像他说的那样，他因总是听我絮叨而被
我说得变聋了的话。

诸神在上，克忒希珀斯说道，完全如此。其实那是一件可笑
的事情，苏格拉底啊。因为，他尽管是一个爱慕者，并且远超其
205c1 他任何人地把心思放在那个男孩身上，却不能够说出任何别具一
格的、不是连每个孩童也都能够说出的那种话来，这如何会不是
可笑的呢？而整个城邦关于德谟克剌忒斯、这个男孩的祖父吕西
斯[①]，以及关于其整个祖先所歌颂的——诸如财富、养马，在皮托
205c5 运动会[②]、伊斯特摩斯运动会[③]以及涅墨亚运动会[④]上的胜利，无论
是用四匹马拉的车子，还是单匹用来骑的马——，这些事情就是
他所写和所讲的，而除此之外还有比这些更过时的一些事情。因
为，就在不久前，他在一篇诗作中还向我们描述了对赫拉克勒斯
205d1 的款待，说由于同赫拉克勒斯的亲戚关系，他们的一位祖先曾如
何欢迎过赫拉克勒斯，因为那人自己就来自宙斯和他们的乡区的

① 在当时，人们经常用祖父的名字来为孩子起名，以彰显其祖父的名声和对孩子的期盼。例如，苏格拉底有三个儿子，其二儿子名叫索佛洛尼斯科斯（Σωφρονίσκος, Sophroniskos），而这也就是其祖父，即苏格拉底父亲的名字。

② 皮托（Πυθώ, Pytho）是德尔斐（Δελφοί, Delphoi）的别称，皮托运动会，每四年在皮托举行一次，以敬奉阿波罗。

③ 伊斯特摩斯（Ἰσθμός, Isthmos）是联结伯罗奔尼撒半岛同希腊大陆的狭长地带，在那里有著名的伊斯特摩斯地峡，每两年的春季在此处举办运动大会。

④ 涅墨亚（Νεμέα, Nemea）是伯罗奔尼撒半岛东北部的山谷，涅墨亚运动会在每届奥林匹克运动会纪年的第二年和第四年举行。

创建者的女儿[①]，这简直就是老太婆们所歌唱的一些事情[②]，并且还有其他许多诸如此类的，苏格拉底啊！这些就是这个人通过说和唱来迫使我们听的那些东西。

当听了这些之后，于是我就说道：可笑的希珀塔勒斯啊，在 205d5
已经取得胜利之前[③]，你会对你自己创作和吟唱一首赞歌吗？

当然对我自己，他说道，苏格拉底啊，我既没有创作，也没有吟唱一首赞歌。

至少你不认为你应当那么做，我说。

但那又如何呢？他说道。 205d10

毫无疑问，我说道，这些歌曲应当针对你自己。因为，一方 205e1
面，如果你真把一个如此这般的心上人搞到手了，那么，你所说的那些以及所唱的那些就将对你自己是一种装饰，并且对你也将真正地是一些赞歌，就像对一位已经取得了胜利的人那样，因为你已经
得到了一个如此这般的心上人。另一方面，如果他从你那儿逃脱 205e5
了，那么，你的那些赞歌已经在多大的程度上说了心上人，你看起
来也就因在多大的程度上丧失了漂亮的东西和美好的东西而是可笑 206a1
的。因此，任何一位在有关爱欲的事情上是智慧的人，朋友啊，他

① 也可以直接译为“因为那人自己就是宙斯和他们乡区创建者的女儿的儿子”。这里的“乡区”（δῆμος），根据前文，显然指埃克索涅（Aἰξωνή, Aixone）。在希腊文神话中，赫拉克勒斯（Ἡρακλέης, Herakles）是宙斯同阿尔克墨涅（Ἀλκμήνη, Alkmene）所生的儿子。

② 对观《泰阿泰德》（176b7-8）：这些其实只是所谓的老太婆们的闲扯，如对我显得的那样。

③ 在已经取得胜利之前，背后的意思是“在征服吕西斯之前”“在把吕西斯搞到手之前”。

不会赞美被爱慕者，在把他搞到手之前，因为他不知将来的事情会以何种方式结束。此外，那些漂亮的人，每当有人赞美和夸奖他们，他们就充满了骄傲和自负。难道你不这么认为吗？

我肯定这么认为，他说道。

因此，他们岂不会是有多自负的，也就变得是有多难以征服的？

的确有可能。

那么，一个猎人在你看来会是怎样的呢，如果他在捕猎时惊动了猎物，并使得它变得更加难以捕获的话？

显然是一个糟糕的猎人。

而事实上，用言辞和歌声，并没有诱惑到猎物，反倒使之变野了，这是非常地欠缺文艺修养[①]。是这样吗？

在我看来是。

那你就得当心，希珀塔勒斯啊，免得你因你的诗歌而使得你自己在所有这些事情上遭受谴责。真的，我也认为，一个因他自己的诗歌而伤害了他自己的人，你不会愿意承认他竟然是一个优

---

① 欠缺文艺修养（ἀμουσία），有意这么翻译，而不简单地译为“欠缺音乐修养”或“粗俗”。在古代希腊，广义的文艺（μουσική）同体育（γυμναστική）相对，前者锻炼灵魂，后者锻炼身体。参见《政制》（429e8-430a1）：我们选择士兵，并用文艺和体育来教育他们。

此外，关于爱智者 / 热爱智慧的人 / 哲学家（φιλόσοφος）与精通文艺的人（μουσικός）之间的关系，可参见《斐洞》（60e4-61a4）：事情其实是这样，在过去的一生中同一个梦经常造访我，虽然在不同的时候以不同的形象出现，但它总是说相同的事情；它说：“苏格拉底啊，你要创作和耕耘文艺！”而在以往的时间里，我认为它不过是在激励和鞭策我做我已经在做的事情而已；就像人们鼓励那些奔跑的人一样，梦也同样在勉励我做我已经在做的事情，即创作文艺，因为热爱智慧就是最高的文艺，而我就在从事这件事。

秀的诗人，既然他对他自己是有害的。

宙斯在上，当然不，他说道；因为那会是非常的没有道理。然
而，正由于这些，苏格拉底啊，我才把我自己的事情透露给你；并 206c1
且如果你还有其他什么要说，就请你对下面这点给出建议，那就是，
一个人在交谈时说什么话或做什么事才会成为令心上人喜欢的。

不大容易，我说道，把它说出来。但是，如果你愿意让他本
人前来同我进行谈话，那么，或许我真能够对你进行一番示范，206c5
那就是在交谈中应当对他说些什么，以代替这些人声称你说和唱
的那些事情。

但这并不困难，他说道。因为，如果你同这里的这位克忒希
珀斯进去，并且坐下来谈话，那么，我认为甚至他本人就会到你 206c10
这儿来——因为，苏格拉底啊，他是一个异乎寻常地喜欢听人谈 206d1
话的人；此外，由于他们正在过赫尔墨斯节[1]，那些年轻人和男孩
子们已经在这同一个地方混杂在了一起——，因此他会到你这儿
来的。而如果他没来，那他也通过克忒希珀斯这个人的表弟墨涅
克塞诺斯[2]而同克忒希珀斯是熟识的；而在所有人中他恰好同墨涅
克塞诺斯是最为亲密的。因此，让这个人去唤他，如果他本人真 206d5
没来的话。

这，我说道，才是我们应当做的。而与此同时，我拉着克忒 206e1

① 赫尔墨斯节（Ἑρμαῖα）。赫尔墨斯（Ἑρμῆς, Hermes）是体育锻炼的保护神，一般在摔跤学校过赫尔墨斯节；该节日是儿童和青少年的节日，据说梭伦曾一度立法，禁止成年人参加。

② 墨涅克塞诺斯（Μενέξενος, Menexenos）是苏格拉底临死前在其身边的人之一，克忒希珀斯和墨涅克塞诺斯是表兄弟，柏拉图还有一篇对话就以他的名字命名；此外，苏格拉底有个儿子也叫墨涅克塞诺斯。

希珀斯走进了摔跤学校；而其他一些人则跟在我们后面走。

而当我们进去后，我们在那里遇见了一些男孩子，由于他们
206e5 已经举行了献祭，和献祭相关的事情差不多也已经完成了，于是乎他们在玩骰子游戏，并且个个都仍然还穿着盛装。其实他们中的大多数人都在外面的庭院玩耍，而一些则在澡堂更衣室的一个角落用非常多的骰子玩猜单双的游戏，那些骰子被从一些小篮子里面挑选出来。另外一些人则围着这些人观看。当然，其中也就
207a1 有吕西斯，并且他站在那些男孩子和年轻人中间，头戴花冠，在模样方面胜过了其他所有人，他是美的，不仅这点值得一说，而且还有他是既美又好的。于是我们就退到对面坐下——因为那里
207a5 安静——，并且开始互相交谈起来。于是乎，吕西斯通过不断地转身来观察我们，并且那是显而易见的，即渴望前来加入我们。真的，他不知所措了一会儿，并且犹豫是不是要独自走过来，然
207b1 后墨涅克塞诺斯从庭院外面——其间他在那里玩耍——走了进来，并且看到我和克忒希珀斯之后，他就走过来在旁边坐下；于是，一看到他，吕西斯也就跟了过来，并且同墨涅克塞诺斯一起在旁边坐下。事实上其他一些人也走了进来，当然包括希珀塔勒斯，
207b5 当他看到很多的人站在我们旁边，他就用这些人做掩护站到了他以为吕西斯将看不到他的一个地方，因为他害怕他会让那人讨厌，于是乎他就以这种方式站在旁边听我们的谈话。

207c1 于是我盯着墨涅克塞诺斯，德谟丰[1]的孩子啊，我说道，你们俩哪个年龄更大点？

① 德谟丰（Δημοφῶν, Demophon），生平不详。

对此我们时不时还有所争论呢，他说。

那么，你们俩哪个在品格上更高尚些，你们也会进行争吵，我说道。

完全如此，他说。

而且哪个更俊美，肯定也同样如此。207c5

于是他们两人都笑了。

无论如何，你们俩哪个，我说道，更为富裕些，我是不会问的；因为你们俩是朋友。是这样吗？

当然，他俩异口同声地说道。

那好，据说朋友间的事情无论如何都是共同的[①]，因此你们俩 207c10
肯定不会对这点起争执，如果你俩关于你们的友谊在说真话的话。

他俩一致同意。

于是，我试图在此之后就问他们两人中哪个是更为公正的和 207d1
更为智慧的。但其间一个人走了进来，让墨涅克塞诺斯起身，他说体育教练[②]在叫他；其实在我看来，恰好该他去献祭了。于是

① 参见《斐德若》(279b7-c6)：**苏格拉底**：哦，亲爱的潘神，以及这儿的其他所有的诸神！请你们允许我能够在内里变得漂亮；至于我在外面所拥有的一切，请你们允许它们同我内里的那些东西是友好的。但愿我会把智慧的人视作富足的；至于金钱的数量，对我来说只需一个有节制的人所能忍受和携带的那么多。我们还需要别的什么吗，斐德若啊？因为对于我来说，已经恰当地进行了祈祷。**斐德若**：也为我一起祈祷这些事情吧；因为朋友间的那些事情都是共同的。

② 体育教练(παιδοτρίβης)。在《高尔吉亚》(452b6-7)中曾界定了这种人所从事的工作：我的工作是使得人们在身体方面变得漂亮和强壮。此外，还可参见《拉刻斯》(184d8-e3)：如果你有一个关乎你儿子的体育训练的咨询，即他应当操练什么，那你是会听从我们中多数人的意见呢，还是听从那位恰好已经在一个优秀的体育教练的指导下得到教导和操练的人的意见？

207d5 乎那人就离开了，而我就继续询问吕西斯：真的，我说道，吕西斯啊，你的父亲和母亲非常爱你吗？——那是当然，他说。——
207e1 那他们岂不会希望你是尽可能幸福的？——那还用说？——但是，在你看来，一个人，如果他在做奴隶，并且他不被允许做他所渴望的任何事情，那他是幸福的吗？——宙斯在上，我肯定不那么认为，他说道。——那么，如果你父亲和母亲爱你，并且渴望你变得是幸福的，那么下面这点就是显而易见的，那就是，他
207e5 们会用尽每一种方式一心要使得你变得幸福。——为何不呢，他说道。——那么，他们会允许你做你希望做的那些事情，并且既不会责备你，也不会禁止你做你所渴望的那些事情吗？——宙斯在上，他们肯定禁止我，苏格拉底啊，事实上非常非常多的事情
208a1 他们都进行阻止。——你为何这么说呢？我说道。他们虽然希望你是幸福的，但他们又禁止你做你希望做的那种事情？请你这样来对我说说吧！如果你渴望驾驭你父亲的那些战车中的一辆，自己手握缰绳，当进行比赛的时候，那么，他们不会允许你，而是禁止你吗？——宙斯在上，他说道，他们当然不会允许。——那
208a5 究竟会允许其他哪个人呢？——他是一个从父亲那里拿酬金的御者。——你为何这么说呢？他们竟然不容许你而宁愿容许一个被
208b1 雇佣的人做他关于马所希望做的事情，并且他们还要恰恰为此对他奉上银子？——难道还能做什么别的？他说道。——而同轭的一对骡子，我认为他们也许会容许你管理它们，并且如果你希望拿鞭子抽打它们，他们也会允许。——那怎么可能呢，他说道，
208b5 他们会允许？——然后呢？我说；任何人都不被允许抽打它们吗？——肯定有人可以，他说道，那就是赶骡子的人。——那他

是一个奴隶，还是一个自由人？——一个奴隶，他说道。——甚
至一个奴隶，如看起来的那样，他们岂不都更为重视他，而不是
你这位儿子；他们把他们自己的东西托付给他，而不是你；并且
他们允许他做他所希望做的任何事情，却禁止你？也请你进而对 208c1
我说说下面这件事吧。他们会允许你自己管理你自己吗，还是说，
甚至连这件事，他们也不会容许你？——那怎么可能呢，他说道，
他们会容许？——那么谁在管着你呢？——这里的这个人，一个
接送学童的人，他说道。——肯定不是一个奴隶吧？——那还能
是别的什么吗？肯定是我们的一位奴隶，他说道。——真的可怕
啊，我说道，明明是一个自由人，却竟然受制于一个奴隶。这位 208c5
接送学童的奴隶复又通过做什么来管着你呢？——无疑通过领着
我，他说道，前往老师的家里。——难道他们也会管着你吗，这
些老师？——肯定会。——那么，你的父亲就有意为你安排了非 208d1
常非常多的主人和管理者。但是，每当你回家前往你母亲那儿，
她会允许你做你所希望做的任何事情吗，为了如她所希望的那样
你能是幸福的，无论是就羊毛，还是就织布机上的纬线，当她织 208d5
布时？因为她无论如何都不会禁止你触碰压线板，或者织布的梭
子，或者那些同毛纺业相关的工具中的其他工具吧。——于是他
笑了，宙斯在上，他说道，苏格拉底啊，她肯定不仅会禁止，而 208e1
且还会打我，如果我触碰那些东西的话。——赫拉克勒斯！我说，
你确实未曾对你父亲或母亲行过什么不义吗？——宙斯在上，我
肯定没有，他说道。

那么，究竟为了什么他们如此可怕地禁止你是幸福的，以及 208e5
禁止你做你希望做的事情，并且一整天都如下面这样来养育你：

你始终受制于某人，甚至可以一言以蔽之，你差不多不能做你所渴望的任何事情？因此，你，如看起来的那样，既没有从那些财产中得到任何的益处，虽然它们是如此地多，反倒是每个人都远比你掌管着它们；也没有从你的身体那里得到任何的益处，虽然它是如此地高贵，相反，甚至连它，也是另外某个人在进行照顾和看护。而你既没有掌管任何东西，吕西斯啊，也不能做你所渴望的任何事情。——那是因为，他说道，苏格拉底啊，我尚未到年龄[①]。——不会是这，德谟克刺忒斯的孩子啊，在阻止你，既然无论如何都还有如此多的事情，如我所认为的那样，你的父亲和母亲其实都会将之托付给你，而无需一直等到你成年为止。因为，当他们希望某些东西被读或写给他们时，你，如我所认为的那样，是他们在家里委派做这件事的那些人中首先想到的那个人。是这样吗？——肯定是，他说道。——那么，你在这里被容许，即在诸字母那里，随你所愿意的，首先写哪个，以及其次写哪个；并且在读它们时先读哪个，后读哪个也同样被容许。而每当，如我所认为的那样，你拿起七弦琴，无论是你的父亲，还是你的母亲，他们都不会禁止你做下面这些事，那就是，就那些琴弦，上紧或

① 到年龄（ἡλικίαν ἔχω）是短语，也可以译为“成年”。类似的表达参见：

《拉刻斯》(200c6-7)：如果我的孩子们到了合适的年龄，我也会做同样这些事情。

《卡尔米德斯》(154a8-b2)：你肯定知道这人，他说道，不过在你离开这里前往波底代亚之前他尚未成年；他叫卡尔米德斯，我叔叔格劳孔的儿子，也是我的堂弟。

《泰阿泰德》(142c8-d3)：当我去雅典时，他还向我详细叙述了他与之交谈过的那些非常值得一听的话，说此人无论如何都必定会变得著名，只要他到了年龄。

调松你会愿意上紧或调松的那根琴弦，以及用手指弹，或者用琴
拨敲击。抑或他们会禁止？——肯定不会禁止。——那究竟什么，
吕西斯啊，会是下面这点的原因呢，那就是，他们在这里的这些
事情上不禁止你，但在我们刚才所说的那些事情上阻止你？—— 209c1
那是因为，他说道，我认为我知道这些事情，而不知道那些事
情。——很好！我说，最优秀的人啊。那么你的父亲就不是一直
等你到了年龄才把所有的事情托付给你，而是在某一天只要他相
信你比他本人理解得更好，在那天他就会把他自己以及他的事情 209c5
托付给你。——我确实这么认为，他说道。——很好，我说；然
后呢？对你的邻人来说，他岂不恰如你的父亲一样用同样的标准
来待你？你会认为，他将委托你来管理他自己的家庭呢，当他相
信关于那些理家的事情你比他本人理解得更好时，还是他仍然将 209d1
自己来掌管？——将委托我，我认为。——然后呢？你认为雅典
人将把他们的事情托付给你吗，当他们注意到你充分地对那些事 209d5
情有所理解时？——我肯定这么认为。——宙斯在上，我说，那
么波斯大王又如何呢？他的长子获得了对亚细亚的统治，在煮肉
时，他是会宁愿容许他的这位长子往汤里扔他所希望扔的任何东
西呢，还是会容许我们，如果我们通过前往他那里向他展示在菜 209e1
肴的料理方面我们比他的儿子理解得更好的话？——显然容许我
们，他说道。——一方面，他肯定不会允许那个儿子往里扔一丁
点东西，另一方面，即使我们手里抓的只是一把盐，但只要我们 209e5
愿意，他也会允许我们往里扔。——为何不呢？——如果他儿子
在眼睛方面生了病，又会如何呢，他会允许他触碰他自己的眼睛 210a1
吗，如果他并不把他视作一位医生的话，还是会阻止？——他会

阻止。——而至于我们，如果他接受下面这点，即我们是精通医
术的，那么，即使我们希望通过掰开他儿子的眼睛往里撒灰，我
认为他也不会进行阻止，因为他相信我们理解得正确。——你说
210a5 得对。——因此，他甚至也会宁愿把其他所有事情都委托给我们，
而不委托给他自己以及他的儿子吗，只要在所有那些事情上我们
会对他显得是比他们两人更为智慧的？——必然，他说道，苏格
拉底啊。

210b1 那么，情况就是下面这样，我说，亲爱的吕西斯啊：一方面，
就那些对之我们会变得明智的事情，所有人都会把它们委托给我
们，无论是希腊人，还是外邦人[①]，也无论是男人，还是女人，在
这些事情上我们将做我们会希望做的任何事情，并且无人将有意
210b5 阻碍我们；相反，我们自己在这些事情上不仅将是自由的，而且
也将是其他人的统治者，这些事情将是我们的——因为我们将从
它们那里为自己取得某种用处——。另一方面，就那些对之我们
不曾能够有理解力的事情，不仅任何人都不会容许们我们去做关
210c1 于它们我们以为是恰当的那些事情，而且每个人都将尽其所能地
阻止我们，不单单是那些外人[②]，甚至还有我们的父亲和母亲，并
且如果还有什么是比这两人更亲近的，也会如此；我们自己在这
些事情上将是服从别人的，并且它们也将是外在于我们的，因为
210c5 从它们那里我们将不会为自己取得任何用处。你同意情况就是这
样吗？——我同意。——那么，对某个人来说我们将是朋友吗，并

① 外邦人（βάρβαροι），当然也可以直接译为“野蛮人”。

② 外人（οἱ ἀλλότριοι），也可以直接译为“陌生人”。

且一个人将爱我们吗，在这些我们于其中会是毫无用处的事情方
面？——无疑不会，他说道。——于是乎，你的父亲不会爱你，其
他任何人也不会爱其他任何人，就他是毫无用处的这点而言。——
看起来不会，他说道。——因此，一方面，如果你变得智慧了，孩 210d1
子啊，那么，每个人对你都将是友好的，并且每个人对你来说也
都将是亲近的——因为你将既是有用的，也是美好的——；另一
方面，如果你没有变得智慧，那么，其他任何人对你来说也都将
不是友好的，甚至连你的父亲、母亲以及其他亲近的人也都将不
是。那么，吕西斯啊，对于一个人于其中尚无所理解的那些事情，210d5
能够对之感到自豪吗？——那怎么能够呢？他说道。——但如果你
还需要一位老师，那么你就还尚未理解它们。——正确。——那么，
你也就不可能是狂妄自大的，如果你的确还是无理解的话。——
宙斯在上，他说道，苏格拉底啊，在我看来不是。

而当我听到他这样说之后，我就看向希珀塔勒斯，并且差一 210e1
点犯了错。因为我突然想说：就应当以这种方式，希珀塔勒斯啊，
同你的心上人交谈，通过看低他和使他遭受挫折，而不是像你那
样使他飘飘然和娇惯他。于是，当我看到他内心挣扎并且被我所 210e5
说的那些话弄得困惑不已时，我想起了他虽然站在旁边，但希望
不被吕西斯注意到。因此，我抑制住了我自己，并且硬生生地把 211a1
话吞了回去。而在这时，墨涅克塞诺斯重新回来了，并且坐在了
吕西斯的旁边，他其实就是从那里起身离开的。于是，吕西斯非
常孩子气地和友好地，为了不被墨涅克塞诺斯注意到，低声对我
讲话，他说道，苏格拉底啊，你对我说的这些，请你也对墨涅克
塞诺斯讲讲吧！ 211a5

而我说道，请你自己对他说这些吧，吕西斯啊；因为你刚才非常集中注意力。

完全如此，他说道。

211b1 那么，请你试着，我说，尽可能地回忆它们，以便你能够非常清楚地把每件事说给这个人。但如果你忘了其中的任何一点，那么，当你下次一遇见我就请你试着再次问我。

那好，我将这么做，他说道，苏格拉底啊，而且是满怀热情
211b5 地，请你放心！不过请你对他说点别的什么，以便我也可以听听，直至是时候回家了为止。

那么我就必须这么做，我说，既然是你在进行要求。不过你得看看你将如何援助我，如果墨涅克塞诺斯试图驳斥我的话。或者你不知道他是热衷于争论的？

211c1 是的，宙斯在上，他说道，他极其热衷于争论。其实也正是由于这点，我才希望你同他交谈。

就为了，我说，让我成为笑柄？

不是的，宙斯在上，他说道，而是为了让你惩戒他。

211c5 怎么可能？我说。那可不容易！因为这个人很厉害，他是克忒希珀斯的学生。而事实上他本人也在场——难道你没有看到？——克忒希珀斯！

你勿用在乎任何人！他说道，苏格拉底啊，而是请你上前同他交谈！

看样子必须得交谈，我说。

211c10 而正当我们互相说这些的时候，你们怎么回事啊，克忒希珀
211d1 斯说道，你俩独自在开私人宴席吗，而不把谈话分给我们一份？

当然，我说，应当分给你们一份。因为这里的这个人对我所说的那些事情有点没有弄明白，而声称他相信墨涅克塞诺斯知道，并且他要求我问问这个人。

那么，他说，你为何不问呢？ 211d5

那好，我将问他，我说。也请你都对我讲讲，墨涅克塞诺斯啊，无论我问你什么。其实，从孩提时起，我就恰好渴望得到某种东西，正如有的人渴望得到这，有的人渴望得到那。因为，有
的人渴望得到一些马，有的人渴望得到一些狗，有的人渴望得到 211e1
黄金，有的人则渴望得到各种尊荣。至于我，虽然对这些都是无所谓的，但对于得到一些朋友却满怀爱欲；并且我会希望我得到
一个好朋友，而远不是世上最好的鹌鹑或最好的雄鸡，是的，宙 211e5
斯在上，我也肯定不宁愿要一匹马和一条狗——而我认为，就以狗起誓[①]，同大流士的黄金相比[②]，我也远远地更宁愿首先选择得到
一个伙伴，甚或同大流士本人相比——，我如此地是一个热爱朋 212a1
友的人。因此，当我看到你们，你和吕西斯，我既大感惊异，又认为你们可称幸福，因为，你们虽然是如此的年轻，但你俩却能够迅速和轻易地就获得了这种财富；一方面，你已经如此迅速和彻底地赢得了这位朋友，另一方面，这个人也同样赢得了你。而

① 这是当时的一种起誓方式；苏格拉底不止一次用埃及的“神狗”起誓。参见：

《苏格拉底的申辩》（22a1）：以狗起誓，诸位雅典人啊。

《高尔吉亚》（482b5）：以狗，埃及人的神发誓。

《斐德若》（228b2-5）：并且在这样做时，他由于从清晨就坐在那里而感到疲倦，于是出去散散步，而且如我相信的那样——以狗起誓——，他也已经把该讲辞烂熟于心，除非它确实是有点太长了。

② 大流士（Δαρεῖος, Dareios），著名的波斯国王。

212a5 我却离这种财富仍然是如此地遥远，以至于我不知道一个人究竟
以何种方式能成为另一个人的朋友；然而，恰恰这些事情是我希
望问你的，鉴于你是有经验的。

那就请告诉我：每当一个人爱上了某个人，那么，两人中哪
212b1 个成为了另一个人的朋友，是爱者成为了被爱者的朋友呢，还是
被爱者成为了爱者的朋友；抑或没有任何区别？——至少在我看
来，他说道，没有任何区别。——你为何这么讲呢？我说；那么
212b5 两人彼此就成为了朋友，哪怕只是其中一个在爱另一个？——至
少对我，他说道，看起来是这样。——然后呢？难道这不可能
吗，那就是一个爱者并不被他所爱的那个人回报以爱？——有可
能。——然后呢？那么这有可能吗，那就是一个爱者甚至被他所
爱的那个人恨？像这种情况，不知怎的，有时候甚至一些爱慕者
212c1 认为在心上人面前遭受了它；因为，虽然他们尽可能地在爱，但
其中一些人认为他们并未被回报以爱，一些人则认为甚至在被恨。
抑或在你看来这不是真的？——确实非常真，他说道。——那么，
在这样一种情形下，我说，岂不一个在爱，另一个在被爱？——
212c5 是的。——那么，他们两人中哪个是哪个的朋友呢？是爱者是被
爱者的朋友呢，无论他被回报以爱与否，甚或被恨与否，还是被
爱者是爱者的朋友？抑或完全相反，在这样一种情形下，两人谁
都不是谁的朋友，除非他们双方彼此相爱？——无论如何看起来
212d1 情况就是最后这样。——那么，现在对我们就显得同前面对我们
所显得的不一样。因为在那时，如果两人中只要一个在爱，那么
两人就已然是朋友；而现在，除非他们双方彼此相爱，否则两人
谁都不是谁的朋友。——有可能，他说道。——因此，对于爱者

来说，没有任何东西是朋友，如果它不回报以爱的话[①]。——看起来没有。——那么，马不会回报以爱的那些人就不是马的朋友[②]， 212d5
爱鹌鹑的人不是鹌鹑的朋友，此外爱狗的人不是狗的朋友，热爱酒的人不是酒的朋友，热爱体育锻炼的人不是体育锻炼的朋友，以及热爱智慧的人不是智慧的朋友，如果智慧不会回报他们以爱的话。或者，虽然每个人各自都热爱着相应的这些东西，但它们对他来说却并不是朋友，因而诗人就在说假话，因为他说—— 212e1

> 幸福的人啊，你有那么多朋友，孩子、奇蹄的马
> 还有猎犬和来自外邦的客人？[③]

——至少在我看来他没有说假话，他说。——那么在你看来他说 212e5
得正确？——是的。——因此，被爱者对于爱者来说就是朋友，如看起来的那样，墨涅克塞诺斯啊，无论它自己是在爱还是在恨；例如，那些刚刚才降生的小孩，一些尚不懂得爱；一些甚至在恨， 213a1
当他们被母亲或被父亲责罚时，尽管在这一时间里他们在恨，但毫无疑问他们对父母来说仍然是最可爱的。——无论如何在我看来，他说道，事情就是这样。——那么，基于这种说法，爱者就不是朋友，而被爱者才是。——有可能。——并且被恨者才是一 213a5

① 也可以简单译为：因此，对于爱者来说，任何没有回报以爱的东西，都不是朋友。

② 也可以补充译为：那么，那些爱马的人就不是马的朋友，因为马并不会对他们回报以爱。

③ 参见梭伦，《残篇》(23. 1-2)。

位仇敌，而恨者不是。——显然。——因此，许多人被其仇敌所爱，
213b1 而被其朋友所恨，于是对那些仇敌来说他们是朋友，而对那些朋
友来说他们是仇敌，如果被爱者才是朋友，而并非爱者是朋友的
话。然而，这是多么的不合道理，亲爱的伙伴啊；而我甚至更宁
愿认为这其实是不可能的，那就是，对朋友来说是仇敌，对仇敌
213b5 来说是朋友。——你看起来说得正确，他说道，苏格拉底啊。——
因此，如果这是不可能的，那么，爱者就会是被爱者的朋友。——
显然。——那么，恨者就复又会是被恨者的仇敌。——必然。——
因此，对我们来说就会得出，我们必然同意先前对之所说的同样
那些话，那就是：一个人，他经常是一个并非其朋友的朋友，甚
213c1 至经常是一个仇敌的朋友，每当他或者爱那个不爱他的东西，甚
或爱那个在恨他的东西时；而一个人，他也经常是一个并非其仇
敌的仇敌，甚或是一个朋友的仇敌，每当他或者恨那个不恨他的
东西，甚或恨那个在爱他东西时。——有可能，他说道。——那么，
213c5 我们究竟该怎么办呢，我说，如果那些爱者将不是朋友，那些被
爱者也不是，甚至那些既在爱又在被爱的同样不是？而除了这些，
我们将宣称还有其他的一些彼此成为朋友的吗？——没有，宙斯
在上，他说道，苏格拉底啊，至少我完全找不到出路。——难道
213d1 就没有可能，我说，墨涅克塞诺斯啊，我们其实压根儿就没有正
确地进行寻找？——至少在我看来没有，苏格拉底啊，吕西斯说
道；并且在说这话的同时，他脸红了。其实在我看来，这话他是
无意间脱口而出的，因为他全副身心地把注意力放在那些被说的
213d5 事情上；而这也是显而易见的，那就是，当他倾听时，他总是那
个样子。

于是，一方面，我想让墨涅克塞诺斯休息一下，另一方面，
我对那个人对智慧的热爱感到高兴，因此我转而同吕西斯进行讨 213e1
论，并且说道：吕西斯啊，在我看来你说得正确，因为，如果我
们已经正确地进行了考察，那么我们就从不会像现在这样迷路。
因此，让我们不要再这样往前走了——真的，我们现在的这种考
察对我显得就像是一条艰难的路似的——，而是让我们就在这儿 213e5
转向，在我看来我们必须通过下面这样来往前走，那就是根据诗 214a1
人们来进行考察；因为，对我们来说，这些人就像是智慧的父亲
和引领者。而他们无疑说得并不坏，当他们关于朋友们发表意见
时，即究竟哪些人才恰好是朋友；他们事实上宣称，是神本人使
得他们成为朋友，通过把他们互相领到一起。而对于这些事情，214a5
如我所认为的那样，他们约莫是这样来说的——

真的，一位神总是把相似者引向相似者[①]

并且使他们彼此相熟识；或者，你未曾碰到过这些诗句？——我 214b1
肯定碰到过，他说道。——那么，你也碰到过那些最智慧的人的
作品吗[②]，他们说了同样这些话，那就是相似者同相似者必然永 214b5

① 见荷马《奥德修斯》(17.218)。

② 这有可能在指像阿那克萨戈拉那样的自然哲学家。参见《斐洞》(97b8-c6)：然而，当我有次听到某个人在读一本书——据他说，是阿那克萨戈拉的——，并且说其实理智才是进行安排的和对万物负责的，我的确对这一原因感到满意，并且在我看来理智是对万物负责的，这无论如何都是恰当的；我也认为，如果这就是这样，那么，进行安排的理智就肯定会安排万物，并且会如其是最好的那样安置每个东西。

远是朋友？而他们肯定就是那些关于自然和宇宙[①]进行讨论和书
写的人。——你说得对，他说道。——那么，我说，他们说得正
确吗？——也许吧，他说道。——或许，我说，它的一半说得正
确，但也或许是全部，只不过我们没有理解。因为无论如何在我
214c1 们看来，邪恶的人之于邪恶的人，他同他走得有多么近，以及同
他交往得有多么亲密，他也就有多么地成为被憎恨的。因为他在
对他行不义；而那些行不义的人和那些被行不义的人，无论如何
都不可能是朋友。难道不是这样吗？——是，他说。——那么，
214c5 在这点上，所说的东西中的一半肯定就不会是真的，假如那些邪
恶的人彼此相似的话。——你说得对。——他们其实对我们显得
在说：那些优秀的人彼此是相似的，并且是朋友；至于那些糟糕
的人，就像关于他们所说的那样，甚至连他们自己都从不与他们
214d1 自己是相似的，而是反复无常和不稳定的。而任何自身同自身是
不相似的和不一样的东西，无论如何都难以变得同其他某个东西
是相似的或友好的。莫非在你看来其实不是这样？——在我看来
肯定是这样，他说道。——因此，这的确就是，如对我显得的那
样，朋友啊，那些人用隐语所说的东西[②]，当他们说相似者同相似
214d5 者是朋友时，那就是：唯有优秀的人单单同优秀的人是朋友；而

① τὸ ὅλος 的本义是“整体”，作为固定表达，即“宇宙”。《牛津希-英词典》对它的解释是：the universe。

② 动词 αἰνίσσομαι 的本义就是“说隐语”“说谜语”，转义为“暗示”。参见《斐洞》(69c3-7)：并且那些为我们创设各种入教仪式的人似乎都不是一些平庸之辈，相反，他们其实早就在用隐语说道：那未入教和未接受入教仪式就到达哈德斯那里的人将被弃置在烂泥中，而那已经被洁净和接受了入教仪式的人到了那里，则将和诸神生活在一起。

糟糕的人，无论是之于优秀的人，还是之于糟糕的人，他都从
不会与之抵达真正的友谊。你也一道这么认为吗？——他点头同
意。—那么，我们从此就知道[①]究竟哪些人是朋友；因为道理[②]
向我们显明，他们应该是那些优秀的人。——完全如此，他说道，214e1
看起来。

在我看来也是这样，我说。尽管如此，但我至少还是对其中的
某点感到不满意。那就来吧！哦，宙斯在上，让我们看看我究竟还
在怀疑什么。相似的人之于相似的人，就他是相似的来说，是朋友
吗，并且这样一种人对于这样一种人来说是有益的吗？但毋宁这样 214e5
来说：任何一个相似的东西之于任何一个相似的东西，它能够对之
具有何种益处，或者带来何种坏处，如果那种益处或坏处它自身其
实不能将之加给它自身的话？或者，它其实能够遭受某种东西，虽
然这种东西它不会通过它自身而遭受它？那么，如此这般的两个东 215a1
西究竟如何会被彼此所珍视呢，如果它们对彼此没有任何帮助的
话？这是如何可能的？——不可能。——而不被珍视的东西，它如
何能够是朋友？——绝不。——那么，虽然相似的人之于相似的人
不是朋友，但优秀的人之于优秀的人，就他是优秀的来说，而不是
就他是相似的来说，会是朋友吗？——或许吧。——然后呢？优秀 215a5
的人，他有多优秀，他岂不也就会有多自足？[③]——是。——而自

① 动词 ἔχω 的本义是“有”“拥有”，但也转义为“理解”“意味着”，这里根据上下文将之译为“知道”。

② 道理（ὁ λόγος），也可以译为“讨论”。

③ 这句话完整的字面意思是：优秀的人，他在多大程度上是优秀的，他岂不也就会在多大程度上对他自己来说是充足的？

足的人，凭借其自足而肯定不需要任何东西。——为何不呢？——
215b1 但一个人，如果他不需要任何东西，那他也就不会珍视任何东
西。——当然不会。——而那不珍视任何东西的人，他也就会不
爱任何东西。——无疑不。——而一个人，如果他一无所爱，那
他肯定就不会是朋友。——显然不是。——那么，那些优秀的人
之于那些优秀的人，对我们来说究竟如何将是朋友呢，如果他们
215b5 即使离开也并不彼此渴望——因为他们彼此间都是自足的，哪怕
他们是分离的——，即使在场互相也没有任何需要的话？究竟何
215c1 种办法能够使得这样一些人彼此珍惜呢？——没有任何办法，他
说道。——那他们无论如何都不会是朋友，既然他们并不互相珍
惜。——正确。

那就请你看看，吕西斯啊，我们在哪个地方被误导了。难
道我们事实上或许整个地被欺骗了？——究竟怎么回事？他说
215c5 道。——我曾经听某人说过，我也刚刚才记起来，说相似者之于
相似者，那些优秀的人之于那些优秀的人，彼此间是最有敌意的。
而且他还把赫西俄德引来作为一个证人，说其实——

> 陶工气愤陶工，歌者之于歌者
> 215d1 乞丐之于乞丐亦然，[1]

并且就其他所有的东西他也都同样说下面这点是必然的，那就

---

① 参见赫西俄德《工作与时日》(25-26)。那里的原文是：其实陶工气愤陶工，木匠也气愤木匠，而乞丐嫉妒乞丐，歌者也嫉妒歌者。

是，那些最相似的东西最为互相充满了嫉妒、争胜和敌意，而那
些最不相似的东西则充满了友谊；因为，穷人必然对富人是友好 215d5
的，虚弱的人也必然对强有力的人是友好的，以便获得帮助，而
患病的人对医生亦然，并且每个不知道的人也必然珍视那知道 215e1
的人，并爱他。而且他进而更加目空一切地用下面这番话来进行
攻击，他说：其实相似者之于相似者，完全不应是朋友，而情况
与这是正相反对的；因为最相反的东西之于最相反的东西[1]，才
最为是朋友。因为每个东西都渴望诸如此类的东西[2]，而不是渴
望相似的东西；也即是说，干燥的东西渴望湿润的东西，冷的东 215e5

---

① τὸ ἐναντίον，这里有意将之译为“相反的东西”，而不译为“对立的东西”。因为“相反”（ἐναντίον）只是诸“对立”（ἀντικείμενον）情形中的一种。参见：

《智者》（258a11-b3）：那么，如看起来的那样，异的某一部分之本性和是之本性互相对立起来的那种对立，它——如果可以这么说的话——，并不比是者本身更不是所是；因为对立并不意指同那种东西相反，而是仅仅意指下面这么多，即与之相异。

《泰阿泰德》（186b6-9）：而它俩的所是，即它俩是什么，以及它俩彼此间的相反性，还有相反性之所是，灵魂自身通过对它们进行反思和相互比较来尝试为我们做出判断。

亚里士多德《范畴篇》第 10 章（11b17-23）：一个东西在四种方式上被说成是同另一个东西相对立：或者如“相对物”那样，或者如“相反者”那样，或者如“缺失”与“具有”那样，或者如“肯定”与“否定”那样。它们中的每一种都是对立的，概而言之，如“相对物”那样——例如两倍同一半相对立，如“相反者”那样——例如坏同好相对立，如“缺失”与“具有”那样——如盲瞎和视力，如“肯定”与“否定”那样——如他坐着和他不坐着。

《形而上学》第五卷第 10 章（1018a20-23）：所谓对立，指矛盾，相反，相对物，缺失和具有，以及生成和毁灭由之和向之的两个极点；此外，那些不能同时在场于那可接受两者的东西中的，也被称作对立。

② 诸如此类的东西（τοῦ τοιούτου），即“与之相反的东西”。

西渴望热的东西，苦的东西渴望甜的东西，锋利的东西渴望钝
的东西，空的东西渴望充满，而充满的东西则渴望空，并且其
他东西依照相同的道理也同样如此。因为相反的东西对于相反
216a1 的东西来说会是一种营养品；而相似的东西从相似的东西那儿不
会得到任何益处。而且，朋友啊，他也的确显得是巧妙的，当他
说这些时，因为他说得很好。但对你们来说，我说，他看起来说
得怎样？——的确很好，墨涅克塞诺斯说道，至少听起来是这
样。——那么，我们会宣称相反的东西之于相反的东西才最为
216a5 是朋友吗？——完全如此。——好吧！我说；难道听起来不奇怪
吗，墨涅克塞诺斯啊？并且那些极其智慧的人，即那些精通辩论
216b1 技艺的人，他们将立马兴高采烈地扑向我们，并且问到，是否敌
意同友谊是最为相反的？对于他们我们将如何作答？或者岂不必
然同意他们说得正确？——必然。——于是，他们将说，有敌意
的东西同友好的东西是朋友吗，或者友好的东西同敌意的东西
是朋友？——两者都不是，他说道。——而正当的东西同不正当
216b5 的东西，或者自制的东西同放纵的东西，或者好的东西同坏的东
西是朋友？——在我看来不会是这样。——但是，我说，如果真
的基于相反性某个东西才同某个东西是朋友，那么，这些东西也
就必然是朋友。——必然。——因此，无论是相似的东西同相似
的东西，还是相反的东西同相反的东西，都不是朋友。——看起
来不。

216c1 然而，让我们继续考察下面这点，免得友好的东西愈发逃脱
了我们的注意，那就是它其实不属于这些东西，反倒是那既不好
也不坏的东西有时成为了好的东西的朋友。——你为何这么说呢，

他说。——宙斯在上，我说，其实我也不知道；而事实上我自己 216c5
也被讨论的走投无路弄得晕头转向，并且根据古老的谚语，有可
能美的东西才是朋友。至少它看起来像某种柔软的、光滑的和油 216d1
亮亮的东西；也正因为如此，它或许才如此轻易地从我们这里溜
走和逃掉，鉴于它是这样一种东西。因而我说好的东西是美的，
而你不这么认为吗？——我肯定这么认为。——因此，我说，仿
佛在进行预言，那既不好也不坏的东西是那既美又好的东西的朋 216d5
友；至于我进行预言而说的这些，请你听听。在我看来它们仿佛
是三个种类[①]，好的东西，坏的东西，以及既不好也不坏的东西。
而在你看来是怎样？——在我看来也是这样，他说。——并且无
论是好的东西之于好的东西，还是坏的东西之于坏的东西，还是
好的东西之于坏的东西，都不是朋友，正如前面的讨论不允许的 216e1
那样；而剩下的，如果某个东西对某个东西真的是朋友的话，那
么，那既不好也不坏的东西，它或者是好的东西的朋友，或者是
如它自身所是那样的诸如此类的东西的朋友。因为无论如何对于
坏的东西来说任何东西都不会成为朋友。——正确。——甚至相 216e5
似的东西之于相似的东西，我们刚才声称也不会成为朋友；难道
不是吗？——是。——那么，对于那既不好也不坏的东西来说，
那如它自身所是那样的诸如此类的东西也将不是朋友。——显然
不。——于是就会得出，唯有对于好的东西，单单那既不好也不 217a1
坏的东西会成为朋友。——必然，如看起来的那样。

那么，我说，孩子们啊，刚才所说的，它正确地引导了我们

① 种类（γένη），也可以直接译为“属”。

217a5 吗？如果我们至少愿意思考一下健康的身体的话：它既不需要任
何医术，也不需要什么帮助；因为它是自足的，从而没有任何人，
当他是健康的时，他因健康而对一个医生来说是朋友。是这样
217b1 吗？——没有人。——但患病的人，我认为由于疾病他会是。——
为何不呢？——但疾病肯定是一种坏的东西，而医术则是一种有
帮助的东西和好的东西。——是的。——而身体，就它作为身体
来说，无论如何都既不是好的，也不是坏的。——是这样。——
但身体至少会因疾病而被迫欢迎医术，并爱它。——在我看来是
217b5 这样。——那么，那既不坏也不好的东西，它因某种坏的东西的
在场而成为好的东西的朋友。——有可能。——但这无论如何都
显然发生在他自身通过它所拥有的那种坏的东西而变坏之前。因
217c1 为，一旦它真的已经变坏了，那它无论如何都不会再渴望好的
东西了，并且是它的朋友；因为我们说过，坏的东西对于好的东
西，不可能是朋友。——的确不可能。——那么请你们考虑一下
我下面要说的。其实我要说的是：一些东西，于它们那儿在场的
217c5 那种东西是什么样子，它们自身甚至就是那个样子；一些则不。
就像，如果一个人打算用某种颜色来涂抹任何东西，那么，被用
来涂抹的颜色肯定在场于被涂抹的东西那里。——当然。——那
217d1 么，刚才用颜色被涂抹的东西，在它上面的东西是什么样子，它
岂不也就是那个样子？——我没有明白，他说。——那就以下面
这种方式来试试，我说。你的头发是金黄色，如果有人想用白色
的铅粉来涂抹它们，那么，它们那时会是白色的，还是会显得是
白色的？——会显得是，他说。——而且白色肯定会在场于它们
217d5 那里。——是的。——然而，它们到此时丝毫不会是白色的，而

且，即使白色在场，它们也既不是白色的，也不是黑色的。——正确。——但是，朋友啊，当老年把这同样的颜色带给它们时，那时它们就变成了如在场者那样的颜色，即通过白色的在场而变成了白色的。——为何不呢？——那好，而这就是我现在要问的，那就是，如果某种东西在场于某种东西那里，那么，在场的东西是什么样子，那具有它的那个东西也就将是那个样子吗？抑或，只有当在场于它的那个东西以某种方式在场时，它才将是那个样子，否则，将不是那个样子？——毋宁是后者这样，他说道。——那既不坏也不好的东西，即使某个坏的东西在场，它有时也还不是坏的，但有时它却已经变成了那个样子。——完全如此。——因此，当它尚没有因某种坏的东西在场而是坏的时，坏的东西的这种在场使得它渴望某种好的东西；而使它已经变成坏的东西的那种在场，则使它既丧失了对好的东西的渴望，同时也使它丧失了同好的东西的友谊。因为，它不再是既不坏的也不好的，而是坏的；而对于好的东西，坏的东西向来就不是朋友。——当然不是。——正由于这些我们也才能够宣称：那些已经智慧的人不再爱智慧，无论他们是诸神，还是一些人[①]。另一方面，下面那些人也不会爱智慧，那就是，他们由于如此地有着无知以至于是坏的；因为，任何一个坏人和无知的人都绝不爱智慧。于是，只还剩下这样一些人，他们虽然具有这种坏的东西，即无知，但尚未因它

① 这番话，可对观《斐德若》（278d3-6）：一方面，斐德若啊，将之称为一位智慧者，至少在我看来，这肯定是一件大事，并且这只适合于神；另一方面，将之称作一位热爱智慧者，或者诸如此类的某种东西，这既会更适合于他，也会是更为相称的。

而是无知的和愚昧的，而是仍然相信自己不知道自己所不知道的。因此，其实只有那些还是既不好也不坏的人爱智慧，而所有那些坏人都不爱智慧，所有那些好人也不；因为，无论是相反的东西之于相反的东西，还是相似的东西之于相似的东西，都不是朋友，
218b5 这在前面的那些讨论中[1]已经向我们显明了。难道你们已经不记得了？——当然记得，他俩异口同声地说道。——那么现在，我说，吕西斯和墨涅克塞诺斯啊，我们必定已经发现了友好的东西是什么和不是什么。因为我们主张，无论是就灵魂来说，还是就身体
218c1 来说，还是在其他方方面面，那既不坏也不好的东西，它由于坏的东西的在场而是好的东西的朋友。——当然，他俩也声称并同意事情就是这个样子。

218c5 而我自己感到非常高兴，就像一个猎人似的，因为我心满意足地捉住了我所追捕的东西。而随后我不知道从什么地方一种极其荒谬的怀疑进入到我的脑海里，说被我们所同意的那些不是真的，并且我由于立马感到烦恼就说道：哎呀，吕西斯和墨涅克塞诺斯啊，我们有可能只是在梦里变得富有了。

218d1 究竟为什么呢？墨涅克塞诺斯说道。

我担心，我说，我们就像遇到了一些夸夸其谈的人似的，关于友好的东西我们也遇到了这样一些虚假的说法。

218d5 究竟为何？他说道。

让我们以下面这种方式，我说，进行考察：一个人，如果他会是朋友，那么，他对于某个人是朋友呢，还是不？——必然对

① 见 216b 以下。

于某个人，他说道。——那么，他不是为了任何东西和由于任何东
西，还是为了某种东西和由于某种东西而对某个人是朋友？——
为了某个东西和由于某个东西。——为之朋友对朋友才是友好的
那个东西，它自身是友好的呢，还是说，它既不是友好的，也不 218d10
是敌意的？——我完全无法跟上，他说道。——的确可以理解，218e1
我说；但以下面这种方式或许你就能跟上，而我认为，我自己也
将更为知道我所说的。患病的人，我们刚才说过，他是医生的朋
友；难道不是这样吗？——是。——那么，岂不由于疾病为了健
康他才是医生的朋友？——是。——但疾病肯定是一种坏的东西 218e5
吧？——那还用说？——而健康又是什么呢，我说；它是一种好
的东西，还是一种坏的东西，还是两者都不是？——一种好的东
西，他说道。——而我们肯定已经说过，如看起来的那样，身体，219a1
因为它既不是好的也不是坏的，由于疾病，即由于坏的东西，它
之于医术是友好的，而医术是一种好的东西；但为了健康医术才
获得了友谊，而健康是一种好的东西。是这样吗？——是。——
但健康是某种友好的东西呢，抑或不是某种友好的东西？——某 219a5
种友好的东西。——而疾病是某种有敌意的东西。——当然。——
那么，那既不坏也不好的东西，它由于坏的东西和有敌意的东西，219b1
为了好的东西和友好的东西而是好的东西的朋友。——显然。——
因此，为了友好的东西，友好的东西由于敌意的东西而是友好的
东西的朋友。——看起来是这样。

好吧，我说。既然我们已经走到了这儿，孩子们啊，那就让 219b5
我们注意，我们不要被欺骗了。因为，友好的东西成为了友好的
东西的朋友，因而相似的东西成为相似的东西的朋友，让我将这

放到一边，因为我们宣称这是不可能的[①]。尽管如此，但还是让我
219c1 们考察一下下面这点，以免我们现在所说的欺骗我们。医术，我们宣称，为了健康而是某种友好的东西。——是。——那么，健康岂不也是某种友好的东西？——当然。——如果它真是某种友好的东西，那它肯定是为了某种东西。——是的。——而且肯定是为了某种友好的东西，如果要同前面的同意保持一致的话。——完全如此。——而那种东西岂不也复又为了某种友好的东西而将是
219c5 友好的？——是的。——那么，这岂不是必然的，那就是，要么我们这样往前走而最终变得筋疲力尽，要么我们抵达了某个本源[②]

① 参见前面 214e 以下。

② 本源（ἀρχή），也可以译为"起点"或"开端"；它后来成为一个重要的哲学概念。在伪托柏拉图作品的《定义》(*Definitiones*）一文中，把 ἀρχή 定义为（415b5）：对万有的掌管 / 对一切的照料。对 ἀρχή［开端 / 本源 / 本原］的详细解释，可参见亚里士多德《形而上学》第五卷第一章（1012b34-1013a23）：

所谓本源指的是：(1）事物中一个人能够由之首先运动的那个地方；例如，在一段距离和一条路那儿，从这边出发有着这个本源，从反向出发则有另一个本源。(2）每个东西能够由之最好地生成出来的那个地方；例如，在学习时，有时并不必须从最初的东西，即从事物的本源那儿开始，而是从能够最容易进行学习的地方开始。(3）作为其内在部分某物首先由之生成出来的东西；例如，在船那儿是龙骨、在房子那儿是基础，而在动物那儿，一些人把心脏、另一些人把头，还有一些人则把可能出现的类似东西当作其本源。(4）不作为其内在部分某物首先由之生成出来，即运动和变化首先自然地由之开始的东西；例如，孩子从父母那儿产生，争斗从谩骂中产生。(5）根据其抉择，运动者得以运动、变化者得以变化的那种东西，就像那些城邦中的统治权、宰制权、王权和专制权。(6）并且各种技艺，尤其是其中那些起着领导作用的技艺也被称作本源。(7）此外，事物首先由之被认识的那种东西，它也被称作该事物的本源；例如，在证明中的那些前提。原因有着同样多的含义，因为所有的原因都是本源。所有本源的共同之处就在于：它是某物要么由之而是、要么由之而生成、要么由之而被认识的那种最初的东西，其中一些是内在的，一些则是外在的。因此，自然、元素、思想、抉择、所是都是本源，何所为也是本源，因为对于许多事物来说善和美是其认识和运动的本源。

那里，它不再将被归因于其他某个友好的东西，它关乎这样一种
东西，这种东西自身就是首要友好的东西，也正是为了它我们才 219d1
说其他的东西是友好的东西。——必然。——那么这才是我在说的，
那就是：其他所有那些东西，我们说为了那种首要友好的东西它
们才是友好的东西，它们就像是它的一些影子似的，让它们不要
欺骗我们；而那首要友好的东西，它才可能是真正友好的。其实 219d5
让我们这样来进行思考：当一个人高度重视某种东西，就像一个
父亲有时珍视他的儿子胜过所有其他的所有物那样，那么，这样 219e1
一个人，他也会为了最为看重儿子这件事而高度重视其他某种东
西吗？例如，如果他察觉他儿子喝了毒芹汁，那么他会高度重视
酒吗，假如他认为这种东西能够救儿子的话？——那还用说？他
说道。——岂不还有酒在其中的那个器皿？——当然。——那么，219e5
难道那时他就更为重视的，是一个陶土做的杯子，而不是他的儿
子，是三壶酒[①]而不是儿子？或者约莫是这个样子：所有诸如此
类的热忱都不是对这些为了某种东西才被准备出来的东西的热忱，
而是对那为了它所有诸如此类的东西才被准备出来的东西的热忱。
虽然我们经常说，我们非常珍视金子和银子；但真相其实根本就 220a1
不是这个样子，相反，我们最为珍视的那种东西，无论它会显得
是什么，是为了它金子以及其他所有被准备出来的东西才得以被
准备的那种东西。我们会这样主张吗？——肯定。——那么，同 220a5
样的说法甚至适用于友好的东西吗？因为我们宣称为了另外某个

① 三壶酒（τρεῖς κοτύλας οἴνου）。名词壶（κοτύλη）的本义是“中空的东西”，泛指“杯子”；作为液体的度量，大约等于 0.28 公升，二分之一品脱。

友好的东西而对我们是友好的所有东西，我们显得仅仅在用一个
220b1 语词说它而已；而朋友在是的方式上有可能恰恰是所有那些所谓的友谊所旨在的那种东西。——有可能，他说道，就是这样。——因此，那在是的方式上是着的友好的东西，岂不一定不是为了另
220b5 外某个友好的东西而是友好的？——正确。

那么，下面这点就已经被排除了，那就是，友好的东西为了另外某个友好的东西而是友好的；然而，好的东西是友好的
220c1 吗？——至少在我看来它是。——那么，难道是由于坏的东西好的东西才被爱吗，并且情况是下面这样：如果我们刚才说过的那三种是着的东西，即好的东西、坏的东西以及既不好也不坏的东西，其中两个被保留了下来，而坏的东西却完全走到了一边去，并且不会触及任何东西，既不会触及身体，也不会触及灵魂，也不会触及其他那些我们确实宣称它们自在自为地[①]既不是坏的也不是好
220c5 的的东西，那么，那时对我们来说好的东西就不会是有任何用处的，而是会成为了无用的？因为，如果不再有任何东西伤害我们，
220d1 那么，我们就不会需要任何的帮助；并且由此一来，那时下面这点也就肯定会变得一清二楚了，那就是：正是由于坏的东西我们才珍视和热爱好的东西，仿佛好的东西是医治坏的东西的药物似的，而坏的东西是一种疾病；而如果没有任何疾病，那也就不需
220d5 要任何药物。难道好的东西生来就是这个样子吗，并且正是由于坏的东西才被我们这些处在好的东西和坏的东西之间的东西所爱，

① 自在自为地（αὐτὸ καθ᾽ αὐτό）是一个整体，第一个 αὐτό 表强调，καθ᾽ αὐτό 的意思则是“在其自身”，可以整体地把该表达译为“自在自为地”“独自在其自身地”。

而它自身为了它自身是没有任何用处的？——有可能，他说，事
情就是这样。——那么，对我们来说友好的、所有其他的东西——
它们正是为了另外某个友好的东西我们宣称它们是友好的——都
旨在的那种东西，它与这些东西根本就没有任何相似之处。因为，220e1
一方面，这些东西为了另外某个友好的东西而被称作友好的；另
一方面，那*以是的方式是着的*友好的东西，它生来就显得是完全
与这相反的。因为，它对我们显得正是为了某个仇敌它才对我们
是友好的，但如果仇敌离开了，如看起来的那样，它就不再对我 220e5
们是友好的了。——在我看来它不再是了，他说道，至少根据现
在所说的。——宙斯在上，我说，如果恶的东西毁灭了，那么，
是否就将不再有饥饿、干渴或其他任何诸如此类的东西了吗？抑 221a1
或，虽然仍将有饥饿，只要还有着人和其他的生类，但它至少不
再是一种有害的东西？进而即使仍然有干渴和其他各种欲望，但
它们也不是坏的，鉴于坏的东西已经毁灭了？或者这种提问可笑 221a5
吗，那就是：到那时究竟什么将*是着*，或者什么将*不是着*？究竟
谁知道呢？但至少我们知道下面这点：甚至现在，一个饥饿者既
有可能被饥饿所伤害，但也可能被它所助益。是这样吗？——当
然。——那么，岂不进而一个干渴者以及其他如此这般的所有欲 221b1
望者，有时候在有益地进行欲望，有时候则在有害地进行欲望，
有时候则两者都不？——完全如此。——那么，如果各种坏的东
西都毁灭了，那么，那些其实恰恰不是坏的东西，为什么就应当
同那些坏的东西一起毁灭呢？——不应当。——因此，仍然将有 221b5
那些既不好也不坏的欲望，即使各种坏的东西都毁灭了。——显
然。——那么这是可能的吗，一个人，他虽然对某种东西有欲

望和满怀爱欲，但对他所欲望和满怀爱欲的那种东西，他却并不爱？——至少在我看来不可能。——因此，即使各种坏的东西都毁灭了，如看起来的那样，仍将有一些友好的东西。——是的。——肯定不会，如果坏的东西真的向来就是某个东西是友好的这件事的原因[①]，那么，当这种东西毁灭后，一个东西之于另一个东西就不会再是友好的了。因为，如果原因毁灭了，那么，下面这点就肯定是不可能的，即它是其原因的那个东西依然还是在那儿。——你说得正确。——而我们岂不已经同意，友好的东西正是由于某种东西才爱某种东西；并且我们那时至少认为，正是由于坏的东西，那既不好也不坏的东西才爱好的东西？——正确。——而现在，如看起来的那样，另外某种原因显得是爱和被爱的原因。——似乎是这样。——那么，事实上，正如刚才我们所说的，难道欲望才是友谊的原因，并且在欲望的东西对于它所欲望的那个东西是友好的，只要那时它还在欲望；而我们先前就什么是友好的所说的，只是一种胡扯而已，就像一篇被写就的冗长诗作似的。——有可能，他说道。——但是，我说，欲望者肯定欲望它所欠缺的东西。是这样吗？——是。——因此，欠缺者对于它所欠缺的那种东西来说是友好的？——在我看来是。——而什么从它那里被取走了，它也就变得欠缺什么。——为何不呢？——那么，亲近的东西，如看起来的那样，爱欲、友谊和欲望显然恰恰是与之相关的，墨涅克塞诺斯和吕西斯啊。——他俩一致同意。——那么，

① 如果坏的东西真的向来就是某个东西是友好的这件事的原因，也可以译为：如果坏的东西真的向来就是下面这点的原因，即某个东西是友好的。

如果你们俩彼此是朋友，那么，你们也就在本性上以某种方式是互相亲近的。——的确，他俩说道。——因此，如果一个人渴求另一个人，我说，孩子们啊，或者对他满怀爱欲，那么，他既不会渴求他，也不会对他满怀爱欲，也不会爱他，除非他在某种方 222a1
式上恰恰同那被他满怀爱欲的人是亲近的，无论是在灵魂方面，还是在灵魂的某种习性方面，还是在各种生活方式上，还是在模样上。——肯定是这样，墨涅克塞诺斯说道；而吕西斯却沉默不语。——好吧，我说。那么，那在本性上亲近的东西，如已经显 222a5
明的那样，我们必然爱它。——看起来是，他说道。——那么，真正的爱慕者，只要他不是伪装的，他必然被心上人所爱。——于是乎，一方面，墨涅克塞诺斯和吕西斯两人最终勉勉强强地点 222b1
头同意；另一方面，希珀塔勒斯则喜形于色。

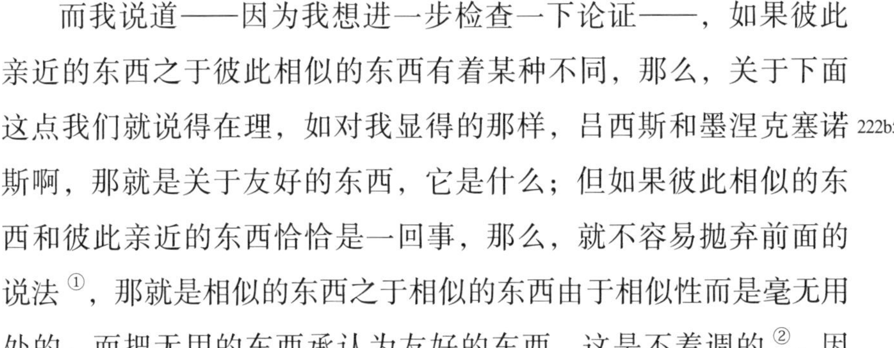

而我说道——因为我想进一步检查一下论证——，如果彼此亲近的东西之于彼此相似的东西有着某种不同，那么，关于下面这点我们就说得在理，如对我显得的那样，吕西斯和墨涅克塞诺 222b5
斯啊，那就是关于友好的东西，它是什么；但如果彼此相似的东西和彼此亲近的东西恰恰是一回事，那么，就不容易抛弃前面的说法[1]，那就是相似的东西之于相似的东西由于相似性而是毫无用处的。而把无用的东西承认为友好的东西，这是不着调的[2]。因

① 参见前面 214e 以下。

② 而把无用的东西承认为友好的东西，这是不着调的。（τὸ δὲ ἄχρηστον φίλον ὁμολογεῖν πλημμελές.）形容词中性单数不着调的（πλημμελές）的主语是不定式承认（ὁμολογεῖν）。形容词 πλημμελής 由前缀 πλήν［除 / 除……之外］和名词 μέλος［曲调］构成，本义就是“弹错曲调的”，喻为“有失误的”“犯错误的”。

222c1 此，你们愿意，我说，既然我们被这个论证弄得像喝醉了酒似的，
让我们同意并宣称彼此亲近的东西是有点不同于彼此相似的东西
吗？——当然。——那么，我们是否甚至将设定好的东西亲近每
222c5 一东西，而坏的东西则异于每一东西呢？抑或，坏的东西亲近坏
的东西，好的东西亲近好的东西，而既不好也不坏的东西亲近既
不好也不坏的东西？——他们俩说，在他们看来是后面这样，即
222d1 每个东西各自是亲近于它所属于的那种东西的。——那么，我说，
孩子们啊，我们先前关于友谊所抛弃的那些说法，我们已经再次
落入它们中了；因为，不义的人之于不义的人，以及坏人之于坏
222d5 人，将丝毫不差地是朋友，同好人之于好人相比[①]。——看起来是
这样，他说道[②]。——然后呢？如果我们宣称好的东西和亲近的东
西是一回事，那么，是不是只有好人才对好人是朋友呢？——当
然。——真的，我们肯定会认为，其实我们自己就已经驳斥了这
点[③]；难道你们已经不记得了？——我们记得。

222e1 那么，我们还能够用我们的论证达成什么呢？或者显然什么
也不能？因此，我恳求被允许，就像那些在各种法庭上的智慧者
一样，重新概述一下已经被说的所有东西。如果真的，无论是那
些被爱的人，还是那些在爱的人，无论是那些相似的人，还是那
些不相似的人，无论是那些好人，还是那些亲近的人，以及我们

① 因为，不义的人之于不义的人，以及坏人之于坏人，将丝毫不差地是朋友，同好人之于好人相比。此句可以简单译为：因为，不义的人之于不义的人，以及坏人之于坏人，将同好人之于好人一样是朋友。

② 即“墨涅克塞诺斯说道”。

③ 见前面215c。

已经详述过的其他所有那些东西——由于数量很多，我确实不再 222e5
记得了——，如果这些中没有任何一个是友好的东西，那么，我
真的不知道我还能说什么。

而当我说这些时，我其实就已经打算激励那些年龄比较大的 223a1
人中的另外某个人来参与谈话。然而，就像两个讨厌鬼似的[①]，接
送学童的奴隶们走过来了，一个是墨涅克塞诺斯的，一个是吕西
斯的，他们带着这两个孩子的兄弟们，叫喊并且要求他们回家； 223a5
因为此时已经很晚了。于是，最初虽然我们以及那些围着我们的
人试图驱赶他们，但由于他们根本就不把我们当一回事[②]，而是
说着蹩脚的希腊话，一边对我们发怒，一边依旧叫他俩；而在我 223b1
们看来，由于他们在赫尔墨斯节上也喝了一点酒，因而他们是难
以对付的，于是我们只好向他们屈服而终止了聚会。然而，就在
他们要离开时，我说，现在，吕西斯和墨涅克塞诺斯啊，我，一
个老人，和你们，确实已经变得够可笑的了。因为，这里的这些 223b5
人，当他们离开时，他们将说：我们认为我们彼此是朋友——因
为我也把我自己算在你们中——，但朋友是什么，我们尚未能够
找到。

① 就像两个讨厌鬼似的（ὥσπερ δαίμονές τινες），当然也可以直接中性地译为“就像两个精灵似的”。

② 把我们当一回事（ἐφρόντιζον ἡμῶν），也可以译为“把我们放在心上”。ἐφρόντιζον 是动词 φροντίζω 的未完成过去时直陈式主动态第三人称复数，φροντίζω 的本义是“思考”“审慎”，跟属格则指“把……放在心上”“对某事加以注意”。

术语索引

缩略语

adv.—副词　comp.—比较级　sup.—最高级

A

E

Z

H

Θ

I

204a6, 204e6, 209d5, 215a7, 215b5, 217a5

ἱκανότης 充分，足够，适合，215a8

ἵππος 马，208a7, 211d8, 211e5, 212d6, 212e3

ἱπποτροφία 养马，牧马，205c4

ἵστημι 称，在天平上衡量；停下来不动，站住，206e9

ἱστός（织布机上的）纬线，织布机，208d5

ἰσχυρός (adv. ἰσχυρῶς) 强有力的，严厉的，215d6

K

καθέζομαι (κατά-καθέζομαι) 坐下，206c9, 207a4, 211a2

καθοράω (κατεῖδον, κατοπτέον) 观看，俯视，207b6

κακός (adv. κακῶς) 坏的，有害的，214c7, 214d5, 214d6, 216b5, 216c3, 216d4, 216d6, 216d8, 216e1, 216e3, 216e4, 216e6, 217a1, 217b1, 217b3, 217b5, 217b7, 217c2, 217e4, 217e5, 217e6, 217e7, 217e8, 218a1, 218a5, 218a6, 218b2, 218b3, 218c1, 218e5, 218e6, 219a2, 219a6, 219b1, 220b8, 220c2, 220c3, 220c5, 220d2, 220d3, 220d5, 220d6, 220e7, 221a3, 221a4, 221b3, 221b4, 221b6, 221c1, 221c2, 221c6, 221c7, 222c4, 222c5, 222c6, 222c7, 222d3, 222d4

καλέω (κλητέος) 呼唤，叫名字，称作，206d5, 207d3, 220e2, 223b1

καλός (adv. καλῶς, comp.καλλίων, sup. κάλλιστα) 美的，好的，203b8, 204a4, 204b2, 205e6, 206a3, 207a2, 207a3, 207c5, 209e2, 216c6, 216d2, 216d3, 217a3

κάμνω 患病，215d6, 217a7, 218e3

καταγέλαστος 可笑的，令人发笑的，205b7, 205c2, 205d5, 206a1, 211c2, 223b4

κατάδηλος 很清楚的，很明显的，220d1

καταλαμβάνω 抓住，控制，发现，206e3

καταλογάδην 用对话，用散文，204d3

κατανεύω 点头同意，214d7

καταντικρύ 在对面，面对着，203b6, 207a3

καταντλέω 灌下去，204d5

κατεῖδω (κάτοιδα) 注意到，发现，俯瞰，确知，210e5

κελεύω 命令，敦促，要求，211b7, 211d4, 223a4

κέλης 用来骑的马，205c5

κενός 空的，215e7

κένωσις 排空，耗尽，215e8

κεραμεύς 陶匠，陶工，215c8

κεραμικός (κεράμεος) 制陶器的，陶土做的，219e6

κερκίς 织布的梭子，208d6

κηλέω 迷惑，诱惑，206b2

κινδυνεύω 有可能，似乎是，也许是，冒险，212d3, 213c5, 216c6, 218c8, 220b2, 220b3, 221d6

κινέω 移动，推动，223a2

κοινός 公共的，共同的，207c10

κολάζω 惩罚，211c3, 213a1

κομιδῇ 的确，全然，221e6

κομψός 精巧的，巧妙的，优美的，216a1

κοσμέω 安排，整理，装扮，修饰，206e5

κόσμος 秩序，规矩，装饰，宇宙，205e2

κοτέω 嫉妒，怨恨，气愤，215c8

κοτύλη 小杯，液体度量，219e7

Λ

M

Π

παρακρούω 引入歧途，误导，欺骗，215c3
παράπαν 完全，绝对，213d1
παρασκευάζω 准备，提供，219e9, 220a1, 220a5
παρατείνω 拉长，在旁边伸长，204c6
πάρειμι 在场，在旁边；走上前来，211c5, 215b5, 217c4, 217c5, 217d4, 217d5, 217d8, 217e2, 217e3, 217e5, 217e7
παροιμία 谚语，216c6
παρουσία 在场，217b6, 217d8, 217e7, 218c2
πάσχω 遭遇，发生，经历，212b8, 214e7, 215a1
πατήρ 父亲，204e4, 207d6, 207e3, 208a2, 208a5, 208d2, 208e3, 209a6, 209b5, 209c4, 209c7, 210c2, 210c7, 210d3, 213a2, 214a1, 219d6
πατρόθεν 来自父亲，204e4
πεῖνα (πείνη) 饥饿，221a1
πεινάω 饥饿，220e7, 221a6
πειράω (πειρατέον) 弄清楚，考察，试验，尝试，211a9
πένης 贫穷的，215d5
περίβολος 圈起来的地方，围着的地方，203b6
περιίστημι 布置在周围，包围，环绕，206e8, 223a6
περιμένω 等待，期待，209c3
περιστρέφω 转圈，207a5
πικρός 苦的，215e6
πίνω 喝，饮，219e2
πλανάω 飘荡，漫游，213e3
πλῆθος 大众，大群，数量，222e6
πλῆκτρον 打击用的东西，琴拔，209b7
πλημμελής 犯错误的，弹错调子的，222c1
πλήρης 充满……的，满是……的，215e7
πλήρωσις 充满，充足，215e7
πλούσιος 富足的，丰富的，207c7, 215d5
πλουτέω 富有，变得富有，218c8
πλοῦτος 财富，富裕，205c4
ποθεινός 渴望的，215b4
ποιέω 做，当作，204a4, 205a5, 205b1, 205c5, 205d6, 205d7, 206a10, 206b6, 206c5, 206d7, 206e4, 207e2, 207e6, 208a1, 208b8, 208c6, 208d3, 208d3, 208e5, 208e7, 209a3, 210b2, 210b7, 211b3, 211b6, 213e1, 214a4, 214b1, 214e6, 215b7, 215c1, 217e7, 217e8, 219d6, 219e2, 219e3, 219e6, 220a2
ποίημα 做成的东西，诗作，作品，行动，204d4, 205c7, 221d6
ποίησις 诗，作品，制作，创作，206b6, 206b7
ποιητής 创造者，制造者，诗人，206b8, 212e1, 214a1
ποιμαίνω 放牧，牧养，照顾，209a2
πολέμιος (πολεμικός) 有关战争的，敌对的，215c6
πόλις 城邦，城市，205c2
πολλάκις 经常，多次，213c1, 213c2, 213c3, 220a1
πολύς (comp. πλείων, sup. πλεῖστος, adv. πλειστάκις) 多，许多，203b8, 204a3, 204c3, 204e5, 205d3, 206b3, 206b9, 206e6, 207b5, 207e8, 208b7, 211e7, 213a6, 213b2, 215c1, 219d6, 219e1, 219e3, 219e5
πονηρός 邪恶的，坏的，214b8, 214c1, 214c5
πορεύω 前进，旅行，203a1, 203a6,

Ρ

Σ

专名索引

神话与传说

人名

地名

其他

参考文献

（仅限于文本、翻译与评注）

1. *Platon: Platonis Philosophi Quae Extant, Graece ad Editionem Henrici Stephani Accurate Expressa, cum Marsilii Ficini Interpretatione*, 12Voll. Biponti (1781–1787).
2. F. Ast, *Platonis quae exstant opera, Graece et Laine*, 11 Bände. Lipsiae (1819–1832).
3. I. Bekker, *Platonis Scripta Graece Opera*, 11Voll. Londini (1826).
4. H. Cary, G. Burges, *The Works of Plato, a new and literal version, chiefly from the text of Stallbaum*, 6 vols. London (1848–1854).
5. *Platons Lysis, Griechsich und Deutsch, mit kritischen und erklärenden Anmerkungen*. Leipzig (1849).
6. F. Schleiermacher, *Platons Werke*, Ersten Theiles Erster Band, Dritte Auflage. Berlin (1855).
7. H. Müller, *Platons Sämmtliche Werke*, 8 Bände. Leipzig (1850–1866).
8. G. Stallbaum, *Platonis opera omnia, Recensuit, Prolegomenis et Commentariis, Vol. IV. Sect. II. Continens Menexenum, Lysidem, Hippiam Utrumque, Ionem*. Gothae (1857).
9. W. William, *Platonic Dialogues for English Readers*, 3 Vols. Cambridge (1859–1861).
10. R. B. Hirschigius, *Platonis Opera, ex recensione R. B. Hirschigii, Graece et Laine*, Volumen Primum. Parisiis, Editore Ambrosio Firmin Didot (1865).

11. M. Schanz, *Platonis Charmides, Laches, Lysis*. Lipsiae (1883).
12. C. Schmelzer, *Platos Ausgewählte Dialoge, Achterter Band, Charmides, Lysis*. Berlin (1884).
13. E. F. Mason, *Talks With Athenian Youths: Translations From the Charmides, Lysis, Laches, Euthydemus, and Theaetetus of Plato*. New York (1891).
14. B. Jowett, *The Dialogues of Plato*, in Five Volumes, Third Edition. Oxford (1892).
15. B. Newhall, *The Charmides, Laches, and Lysis of Plato*. New York, American Book Company (1900).
16. J. Burnet, *Platonis Opera*, Tomus III. Oxford (1903).
17. G. Budé / M. Croiset, *Platon: Œuvres complètes*, Tome 2. Texte établi et traduit par Alfred Croiset. Paris (1921).
18. O. Apelt, *Platon: Sämtliche Dialoge*, 7 Bände. Leipzig (1922–1923).
19. W. R. M. Lamb, *Plato: Lysis, Symposium, Gorgias*. Loeb Classical Library. Harvard University Press (1925).
20. J. Wright, *The Phaedrus, Lysis, And Protagoras*. London (1925).
21. *Platon: Sämtliche Werke*, in 3 Bänden. Verlag Lambert Schneider, Berlin (1940).
22. Hamilton and Huntington Cairns, *The Collected Dialogues of Plato*. Princeton (1961).
23. R. Rufener, *Platon: Jubiläumsausgabe Sämtlicher Werke zum 2400. Geburtsage, in Achte Bänden*. Artemis Verlage Zürich und München (1974).
24. D. Bolotin, *Plato's Dialogue on Friendship: An Interpretation of the Lysis with a New Translation*. Cornell University Press (1979).
25. T. J. Saunders, *Plato: Early Socratic Dialogues*. Penguin Books (1987).
26. J. M. Cooper, *Plato Complete Works, Edited, with Introduction and Notes, by John M. Cooper*. Indianapolis / Cambridge (1997).
27. M. Bordt, *Platon: Lysis, Übersetzung und Kommentar*. Vandenhoeck & Ruprecht, Göttingen (1998).

28. R. Waterfield, *Plato: Meno and other dialogues*. Oxford University Press (2005).
29. T. Penner, Ch. Row, *Plato's Lysis*. Cambridge University Press, Cambridge (2005).
30. G. Eigler, *Platon: Werke in acht Bänden, Griechisch und deutsch, Der griechische Text stammt aus der Sammlung Budé, Übersetzungen von Friedrich Schleiermacher und Hieronymus Müller*. Darmstadt: Wissenschaftliche Buchgesellschaft (7. Auflage 2016).
31.《赖锡斯　拉哈斯　费雷泊士》，严群译，北京：商务印书馆，1993 年。
32.《柏拉图〈对话〉七篇》，戴子钦译，沈阳：辽宁教育出版社，1998 年。
33.《柏拉图对话集》，王太庆译，北京：商务印书馆，2004 年。
34.《吕西斯》，贺方婴译，北京：华夏出版社，2020 年。

图书在版编目(CIP)数据

拉刻斯;吕西斯/(古希腊)柏拉图著;溥林译.—北京:商务印书馆,2024

(汉译世界学术名著丛书:120年纪念版:珍藏本:增订本)

ISBN 978-7-100-23674-4

Ⅰ.①拉… Ⅱ.①柏…②溥… Ⅲ.①古希腊罗马哲学 Ⅳ.①B502.232

中国国家版本馆 CIP 数据核字(2024)第 076613 号

汉译世界学术名著丛书

(120 年纪念版·珍藏本·增订本)

拉刻斯　吕西斯

〔古希腊〕柏拉图　著

溥林　译

商　务　印　书　馆　出　版

(北京王府井大街 36 号　邮政编码 100710)

商　务　印　书　馆　发　行

北京通州皇家印刷厂印刷

ISBN 978-7-100-23674-4

2024 年 5 月第 1 版　　开本 710×1000　1/16

2024 年 5 月北京第 1 次印刷　　印张 9

定价:50.00 元